Notice Historique

SUR

Saint-Maixent

DIOCÈSE DE TULLE

(Ouvrage orné de plusieurs gravures)

Par l'abbé P.-L. BORDE

BRIVE
IMPRIMERIE CATHOLIQUE
1912

Notice Historique

SUR

Saint-Maixent

DIOCÈSE DE TULLE

(Ouvrage orné de plusieurs gravures)

Par l'abbé P.-L. BORDES

BRIVE
IMPRIMERIE CATHOLIQUE
10, Rue de Corrèze, 10

PRÉFACE

A mes Chers Paroissiens.

En vous présentant cette Notice historique, j'éprouve le besoin de m'excuser auprès de vous de donner une Monographie paroissiale très incomplète, et, partant, très imparfaite.

Mais j'ose compter sur votre bienveillante indulgence, surtout lorsque vous saurez que, malgré de très minutieuses recherches, je n'ai pu découvrir qu'un petit nombre de documents historiques.

Le but que je me suis proposé en faisant cette Monographie est le suivant : arracher à l'oubli et conserver quelques vieux souvenirs, former le premier anneau d'une chaîne qui rattache au passé le présent et l'avenir ; enfin, développer, éclairer, échauffer dans vos âmes l'amour de votre petite Patrie dont le clocher est le centre.

Puisse ce modeste travail vous procurer quelques paisibles jouissances et vous faire aimer toujours davantage la Sainte Église, principe et soutien du véritable patriotisme comme de toute vraie grandeur humaine.

I

HISTOIRE RELIGIEUSE

§ I. -- Le nom de la paroisse

Actuellement il existe quatre façons d'écrire le nom de notre paroisse : Saint-*Mexent*, Saint-*Mexant*, Saint-*Meixant* et Saint-*Maixent*. Seule la dernière est la véritable. En effet elle vient du nom latin de Saint Maixent, *sanctus Maxentius* (1), patron de notre paroisse, comme celle de Saint-Maixent des Deux-Sèvres et doit s'écrire de même.

Au reste, notre paroisse connue comme telle dès l'an 897, avait toujours eu cette orthographe jusqu'en 1791, époque où l'on eut la monomanie de tout changer ; l'Administration civile commença à écrire Saint-*Mexent*, orthographe qui a été depuis adoptée, mais à tort, pour les actes religieux.

Les curés et les vicaires qui ont administré la paroisse, y compris M. l'abbé Maschat qui a été

---

(1) Saint Maixent, né à Agde (Bouches-du-Rhône) d'une famille pieuse, voulut pratiquer la perfection évangélique. Il se nommait *Adjuteur ;* il se retira dans un monastère du Poitou où il prit le nom de *Maixent*. Il en devint le prieur, mais par humilité il renonça à sa charge. « La nature, dit saint Grégoire de Tours, se montra docile à sa voix en plusieurs occasions. » Il mourut vers 515. Voir *Mabillon*.

curé jusqu'en 1827, avaient invariablement écrit : Saint-*Maixent*, ainsi que l'attestent les anciens registres de catholicité, déposés en 1793 aux archives départementales.

§ II. — Topographie

Depuis 1790, époque où la France fut divisée en départements, le territoire de Saint-Maixent constitue une commune qui fait partie du canton Tulle-Nord, département de la Corrèze.

Situé à l'ouest de Tulle, dont il est distant de 12 kilomètres par la route et de 9 kilomètres seulement par les raccourcis, notre bourg occupe le 45e degré de latitude, c'est-à-dire qu'il est également éloigné de l'Equateur et du Pôle Nord, et 6 degrés ouest de longitude ; en d'autres termes, il est placé un peu à l'ouest du méridien de Paris qui passe par Eygurande.

§ III. - Saint-Maixent avant le XIXe siècle

Malgré de longues recherches, il nous a été impossible de découvrir rien de bien précis sur l'histoire de Saint-Maixent avant le XIXe siècle. Il est plus que probable que les registres de catholicité, ainsi que d'autres documents qui auraient aujourd'hui pour nous le plus haut intérêt, ont disparu dans des autodafés sacrilèges au moment de la Révolution de 1793 (1).

---

(1) M. Poulbrière, *Dictionnaire des Paroisses.*

Des évènements des siècles passés, à jamais ensevelis dans la nuit des temps, quelques échos seulement sont parvenus jusqu'à nous.

En l'année 897, l'Evêque de Limoges, Anselme, du consentement du curé, détacha de Saint-Maixent les villages de Druliolle, du Mas et de Lafarge et les donna à Favars, pour aider à vivre le curé de cette paroisse.

Selon Bréquigny, l'église de Saint-Maixent, ainsi que celle de Chanteix, fut donnée à l'abbaye de Solignac, en Haut-Limousin, vers l'an 872, par Charles-le-Chauve, ou bien en 922, par Charles-le-Simple.

Mais il est à croire que ce don royal ne reçut jamais son exécution, car, en 962, un noble, du nom de Frotère, qui fut un bienfaiteur de l'abbaye de Beaulieu et qui habitait le bourg de Saint-Maixent, d'accord avec son fils, Etienne d'Arisde, donna l'église de Saint-Maixent à l'abbaye de Tulle, avec trois mas, c'est-à-dire trois maisons dans le bourg.

Une moitié que n'avait pas ce personnage ou qui avait passé aux mains d'une femme, Solice, épouse de Hugues Liapet, fut pareillement concédée par elle, en 1100, au même monastère.

Aussi, les Bulles de 1115 et 1154 mentionnent-elles parmi les biens de Tulle *Ecclesiam Sancti Maxentii*.

Durant un laps de cinq cents ans, nulle trace de Saint-Maixent n'est restée dans l'histoire.

C'est seulement au seizième siècle qu'il est de nouveau question de notre paroisse qui dépendait à cette époque de l'archiprêté de Vigeois et appartenait au diocèse de Limoges, auquel elle est demeurée attachée jusqu'à l'année 1823.

Depuis, elle fait partie du diocèse de Tulle et se trouve rattachée au doyenné de la cathédrale.

Les traces de litre funèbre que l'on voit aux murs de l'église dénotent une Seigneurie. Cette Seigneurie dépendait de celle de Favars, dont la prévôté avait aussi juridiction sur quelques villages (1). Elle suivit les destinées de la maison de Favars, passa aux Saint-Exupéry-Miremont, qui eurent en 1501 un curé de la paroisse et, par une de leurs filles héritières, à Henri de Bourbon-Malauge, vicomte de Lavedan, et baron de Malauge au Midi de la France.

En 1626, le marquis de Malauge, élevé au titre nobiliaire par suite de l'avènement au trône d'Henri IV, son parent, fit bail pour « la terre et la seigneurie de Favars, Saint-Germain-les-Vergnes, Saint-Maixent et tout ce qui en dépendait, au prix de 6.000 livres ».

Plus tard, la Seigneurie, devenue elle-même baronnie, fut vendue dans son ensemble aux Mérigonde, qui la transmirent aux Dubois de Saint-Hilaire. Des membres de cette famille, porteurs du nom de Saint-Maixent, l'ont laissé à la maison qu'elle possédait à Neuvic, par héritage des Lacaze-du-Laurent.

Enfin, en 1734, le château de Saint-Maixent a passé à la famille Duval qui le possède encore aujourd'hui. Il a été l'habitation favorite, dans sa retraite, du général Duval dont il sera parlé bientôt. C'est encore là que passe une grande partie de l'année, sa veuve, Mme la Générale Duval, née de Leygonie, qui est à la tête de plusieurs œuvres importantes dans le diocèse de Tulle.

---

(1) La maison curiale, trois mas du bourg de Saint-Maixent, les villages du Monteil, de la Chassagne, du Châtaigner, de Laval-Grillère, des Broches, de Freyssinge et de Laborie donnaient annuellement des redevances au château de Favars.

§ IV. L'Eglise paroissiale

Dans l'église de Saint-Maixent, nous trouvons trois parties bien distinctes remontant à des époques différentes : le clocher, la nef et l'abside.

Primitivement, le chœur était destiné au support du clocher. Mais, dans la suite, le poids de celui-ci menaçant sans doute la solidité de l'édifice, il fut enlevé et remplacé par le petit clocheton qui se voit encore aujourd'hui.

Ce fut dans les premières années du XVIIIe siècle que l'on construisit, au bas de l'église, à contreforts plats, du même style que la nef, le clocher actuel qui, avec ses 30 mètres de hauteur offre un aspect imposant, bien qu'un peu massif.

D'un style pur roman, la nef semble dater de la fin du XIe siècle ou du commencement du XIIe.

Chose assez rare pour être notée, les colonnes du chœur ou de la rotonde sont plus éloignées à leurs sommets qu'à leurs bases ; ces colonnes sont terminées par des chapiteaux historiés. L'un représente une sirène et une femme aux reptiles symbolisant l'impureté ; un autre un lion au port majestueux, et les autres, de meilleure facture, imitent des feuillages fantaisistes.

La voûte, en lambris à nervures, ne doit remonter qu'au XVIIe ou XVIIIe siècle.

L'abside ou sanctuaire est d'une construction ou réfection du XVe siècle. Elle est du même style que le clocher et la nef et à cinq pans inégaux. Dans le centre de l'abside a été ouverte, en 1901, une troisième fenêtre, ornée d'un beau vitrail représentant la Très Sainte Vierge.

ÉGLISE DE SAINT-MAIXENT

§ V. -- Patron de la paroisse

A l'origine, la paroisse de Saint-Maixent fut sûrement dédiée au saint abbé du Poitou dont elle porte le nom et elle l'eut pour patron principal. Saint Maxime d'Apamée fut le patron secondaire, d'après le Pouillé de Nadaud. La paroisse honorait encore Saint Cloud comme en fait foi la seconde cloche qui porte cette inscription :

Sancte Claudi, ora pro nobis (1).

Pendant longtemps, la chapelle actuelle du Sacré-Cœur fut appelée « chapelle de Saint-Cloud » et en 1781 elle portait encore ce nom.

Aujourd'hui la paroisse de Saint-Maixent est consacrée à la Très Sainte Vierge dont la Nativité est la Fête patronale.

Il est vraisemblable qu'après la disparition de la chapelle rurale dont la fête principale tombait le 8 septembre, l'église paroissiale a choisi la Très Sainte Vierge pour patronne et adopté pour fête patronale le 8 septembre, afin de ne pas interrompre sans doute le pèlerinage traditionnel dont il est parlé ailleurs.

---

(1) Quel est le vrai patron ou patron local ? Quel est le titulaire ? Rien ne l'indique d'une manière certaine. Il est très probable que saint Maixent est le vrai patron de la localité qui porte son nom et que les autres saints dont on vient de parler ne sont que des titulaires de l'église ou des patrons secondaires.

§ VI. — Le Trésor de l'Eglise

Outre les reliques qui se trouvent dans la pierre sacrée du maître-autel et de l'autel du Sacré-Cœur, l'église de Saint-Maixent possède deux châsses, dont l'une contient une portion du crâne et l'autre une portion d'une épaule de saint Clair, évêque et martyr.

Je suis heureux de reproduire ici intégralement l'acte d'authentification de ces reliques :

« Le dix-sept juin mil huit cent neuf, je soussigné Pierre-Ignace Graviche, prêtre et chanoine honoraire de l'église cathédrale de Limoges, en vertu de la mission à moi donnée par M. Pierre-Joseph Brival, curé de la paroisse de Notre-Dame de la ville de Tulle et vicaire général de Mgr l'Evêque de Limoges, à l'effet de vérifier les saintes reliques, conservées par feu M. Jean-Baptiste Maschat, ancien curé de la paroisse de Chanac, et déposées entre les mains de M. Maschat, son frère, prêtre desservant la paroisse de Saint-Maixent, qui désirait en faire constater l'authenticité pour pouvoir les exposer dans son église à la vénération des fidèles.

« J'ai prié en conséquence, mon dit sieur Léonard Maschat, curé de Saint-Maixent, de vouloir passer chez moi et d'apporter avec lui, le précieux dépôt dont il était chargé, et ce Monsieur s'étant rendu à mon invitation, m'a présenté une boîte de carton, doublée de papier bleu, à neuf compartiments, dans chacun desquels était attachée une relique de saint, avec une étiquette, portant le nom du saint dont la relique faisait partie. Dans l'un des neuf compartiments était attachée une parcelle étiquetée crâne de Saint-Clair, évêque et martyr.

« Ce Monsieur m'a certifié tenir cette boîte des mains de feu Monsieur son frère, qui lui avait assuré que, lors de la remise qu'il avait engagé feu M. Antoine Béril à faire à feu M. Sudour, alors curé de Saint-Julien, (aujourd'hui Notre-Dame), des précieuses reliques qu'il avait soustraites à la profanation dans les jours de la fureur révolutionnaire, il avait coupé lui-même des parcelles de ces précieuses reliques, qu'il avait conservées dans le dit reliquaire qu'il me présentait et qu'il avait placées sur l'autel dressé dans sa maison, pour y célébrer les saints mystères, dans les temps malheureux où la France était privée du libre exercice du culte, et que le reliquaire n'avait passé que des mains de feu son frère dans les siennes.

« Pour procéder avec ordre et selon les règles à la vérification de tous les faits ci-dessus énoncés, j'ai cru devoir consulter les procès-verbaux que j'avais eu commission de faire dans le temps pour constater l'authenticité des reliques remises à feu Monsieur Sudour, le vingt-neuf juin mil sept cent quatre-vingt-quinze : les dits procès-verbaux en date du vingt-trois et vingt-six septembre mil huit cent un, déposés dans le reliquaire de Saint-Clair, conservé dans l'église paroissiale de Notre-Dame ; desquels il résulte que feu Antoine Béril, catholique zélé et d'une probité généralement reconnue, avait remis à feu M. Sudour, curé de Saint-Julien de Tulle, plusieurs reliques qu'il avait soustraites à la profanation dans les jours de la fureur révolutionnaire, au nombre desquelles on avait reconnu les reliques du crâne et de l'épaule de Saint-Clair, si religieusement conservées et si pieusement vénérées dans l'église cathédrale de Tulle ; dans lesquels procès-verbaux il est énoncé qu'on avait coupé une parcelle du crâne et une parcelle de l'os de l'épaule du saint qui avaient été remises.

« Assuré moi-même que feu M. Maschat, ancien curé de Chanac, était dépositaire de ces précieuses parcelles par l'aveu qu'il m'avait fait de son vivant de ce pieux larcin ; connaissant la religion et la piété de M. le desservant de Saint-Maixent, incapable d'altérer la vérité, surtout dans une chose aussi essentielle, j'ai fait mon rapport à M. Brival, curé de Notre-Dame et vicaire général de Mgr l'Evêque de Limoges, qui m'avait commis pour la vérification des dites reliques ; je lui ai exposé toutes les circonstances qui paraissaient ne pouvoir laisser aucun doute sur l'authenticité des reliques que l'on désirait faire canoniquement constater.

« Voyant l'accord du rapport de M. le curé de Saint-Maixent et de l'aveu que m'avait fait de son vivant feu M. son frère, ancien curé de Chanac, avec les procès-verbaux que j'avais été chargé de dresser dans le temps, pour constater l'authenticité des reliques de saint Clair, déposées aujourd'hui dans l'église de Notre-Dame de Tulle et exposées à la vénération des fidèles, M. Brival a cru dans sa sagesse ne devoir pas priver ces précieux restes de l'honneur qui leur était dû ni les fidèles des avantages qu'ils pouvaient en retirer en les vénérant avec foi.

« Il m'a autorisé en conséquence de les insérer dans un reliquaire décent, propre à les recevoir, afin que M. le curé de Saint-Maixent les exposât à la vénération des fidèles dans l'église de sa paroisse, et d'en dresser un procès-verbal qui serait inséré dans le dit reliquaire.

« Fait à Tulle les dits jour, mois et an qu'en l'autre part, sous le seing de Mgr Brival, vicaire général, le petit sceau de Mgr l'Evêque de Limoges, mon contre-seing et celui de M. Maschat, curé de Saint-Maixent.

» BRIVAL, vicaire général.

» GRAVICHE, prêtre et chanoine, commissaire nommé *ad hoc*.

» MASCHAT, curé de Saint-Maixent.

Et puis sceau à l'écu d'azur, sous chapeau épiscopal à glands, portant les seules initiales P. D. B. : Philippe du Bourg. L'écriture est de M. Graviche.

P. S. — Cette pièce intéresse indirectement aussi la cathédrale de Tulle.

§ VII. -- Statues et Lustres

Parmi les statues qui ornent notre église, une surtout attire les regards et la confiance des fidèles : c'est la statue dite « Miraculeuse » qui est en très grande vénération.

Chaque année, le dimanche qui suit le 8 septembre, elle est portée solennellement en procession à la Croix de la Chapelle, où elle a été vénérée pendant des siècles dans une chapelle détruite en 1793 par la fureur révolutionnaire ; elle continue encore à attirer des centaines de pèlerins, venant non seulement des paroisses voisines, mais des localités assez éloignées, de Seilhac, d'Uzerche, de Donzenac, de Brive, de Varetz, de Beynat, de Tulle, etc.

C'est une représentation sur bois de l'Immaculée Conception, inspirée, ce semble, de Murillo. Elle date du XVIe ou XVIIe siècle.

La chapelle et l'autel où se trouve cette statue

miraculeuse s'appellent « Chapelle et Autel Notre-Dame ».

Dans cette même chapelle et à côté de la statue miraculeuse se voit aussi une autre petite statuette de la Sainte Vierge, au piédestal orné d'un cabochon, qui est à peu près de la même époque. Une Pieta, Notre-Dame des Sept-Douleurs, qui est adossée à la colonne de l'abside, côté de l'épître, semble être également du XVIe siècle.

Excepté celle de saint Roch qui est du XVIIIe siècle, toutes les autres sont de date récente.

La grande statue dorée de la Sainte Vierge qui représente aussi l'Immaculée Conception fut achetée par souscription vers 1855.

Quand j'arrivais à Saint-Maixent, en 1900, cette statue était dans la chapelle opposée, aujourd'hui chapelle du Sacré-Cœur, dont la statue, achetée par Madame Léon Druliolle, en 1883, était placée dans l'abside, à l'endroit même où a été ouverte la troisième croisée.

Le transfert de cette statue sur le même autel que la Statue Miraculeuse a suscité en 1901 certains troubles, presque une émeute dans la paroisse.

Beaucoup de gens, prétendaient qu'on voulait par là.... détrôner la Bonne Vierge et lui enlever la première place.

D'où colères contre le curé et... menaces... des foudres épiscopales, s'il ne remettait pas les choses comme ci-devant.

Ce qui dénotait du moins la vivacité de leurs sentiments religieux à l'égard de la « Statue Miraculeuse. »

Une personne charitable donna la statue de saint Jean-Baptiste vers 1860.

Celle de saint Joseph est un don de Mlle Gabrielle Duval, aujourd'hui Madame de Montille, en 1897.

Enfin, c'est en 1901 que j'ai placé dans l'église les statues de saint Antoine de Padoue et de saint Pierre, ainsi que le grand Christ qui est en face de la chaire.

Le lustre en verre qui est au milieu de la nef ainsi que les deux petites lampes des chapelles de la Sainte Vierge et du Sacré-Cœur ont été donnés en même temps que le Sacré-Cœur par Madame Léon Druliolle, du Monteil.

La lampe en cuivre du chœur est un don des Chartreux du Glandier vers 1890.

§ VIII. - Les Cloches

Saint-Maixent possède une des belles sonneries du diocèse ; de la campagne s'entend.

Les trois cloches, de 900, 500 et 150 kilos, forment une harmonie qui flatte doucement l'oreille. Ce qui faisait dire un jour à M. l'abbé Montlouis-Laval, curé-doyen de Seilhac : « Si je pouvais porter chez moi les cloches de Saint-Maixent, ma foi ! je crois que que je me ferais voleur. »

La grande cloche, fêlée une première fois, fut refondue en 1774 par J.B. Martin, fondeur, habitant Paris, qui intenta dans la suite un procès au marguillier de la paroisse de Saint-Maixent, Pierre Chaumeil, de la Chassagne.

Fendue en 1861, elle fut refondue sur la place publique de Saint-Maixent — côté nord — par M. Paintandre, de Turenne.

Elle a pour inscription : Gary, curé, Pierre-Victor Druliolle, maire. Brugeaud, adjoint, Marie Chaumeil, marraine. Jean-Antoine Verdier, parrain.

Ce dernier est encore plein de vie et, depuis de longues années... il fait partie du conseil municipal.

Cette cloche vient de se fêler pour la troisième fois ; et, depuis, un nuage de tristesse est répandu sur la paroisse qui ignore le jour où elle pourra recouvrer sa voix puissante et harmonieuse.

La deuxième cloche par le poids est la plus ancienne. Son inscription est la suivante :

† J. H. S. MARIA.
SANCTE CLAUDI,
ORA PRO NOBIS.
L'AN MCCCCCXXXXI (1541)
TE DEUM LAUDAMUS.

Le tout est en minuscule gothique. Cette cloche, étant classée parmi les monuments historiques, on vient de s'adresser au ministre des Beaux-Arts en vue de faire réparer le joug et le beffroi.

La troisième cloche porte :
Sit nomen Domini benedictum
Sieur Pierre Chomel de la Chassagne,
Juge de la Chapelle Geneste
Sindic.
An 1774.

D'après la tradition, cette cloche appartenait jadis à la chapelle de Notre-Dame de Saint-Maixent, bâtie sur la route de Tulle, à cinq cents mètres environ de l'église, au carrefour nanti d'une croix, appelée Croix de la Chapelle.

§ IX. -- Le Chemin de Croix

Signalons l'érection du Chemin de la Croix, en publiant l'ordonnance épiscopale à ce sujet :

« Jean-Baptiste-Pierre-Léonard Berteaud,
Par la miséricorde divine et la grâce du Saint-Siège Apostolique, Evêque de Tulle,

« Pour favoriser la piété des fidèles, les exciter à se pénétrer du souvenir salutaire des souffrances de Notre Divin Sauveur dans sa passion, et à participer souvent aux indulgences si remarquables attachées à l'exercice du chemin de la Croix,

» En vertu du rescrit du Souverain Pontife, du 30 août 1846, d'après la demande de M. le Curé de de la paroisse de Saint-Maixent, nous lui communiquons la faculté d'ériger dans l'église de cette paroisse les quatorze stations du Chemin de la Croix, avec application de toutes les indulgences accordées par le Souverain Pontife à ce pieux exercice.

» Nous exigeons qu'il se conforme à ce qui est indiqué dans les livres concernant cette dévotion, qu'il ne se serve que d'images décentes, placées sous verre et dans des cadres de bois doré ou peint, surmontés d'une petite croix.

» Nous recommandons qu'on fasse solennellement, une fois le mois, les stations de la Croix en chantant les strophes et récitant les prières marquées pour chaque station, etc...

» Donné à Tulle, le 18 mai 1849,

» † J. B. P. Léonard, Evêque de Tulle.

» Par mandement de Monseigneur :

» Roche, chanoine, secrétaire de l'Evêché. »

« Je soussigné, curé de la paroisse de Saint-Maixent, d'après la faculté qu'a bien voulu me communiquer ci-dessus Monseigneur l'Evêque de Tulle, ai érigé dans l'église de Saint-Maixent le Chemin de la Croix en me conformant à ce qui était prescrit.

« Le 23 mai 1849,

» Vaille, prêtre. »

§ X. -- Chapelles rurales

Le sentiment commun des anciens est que notre bourg possédait autrefois un couvent de Chartreux qui se trouvait là même où est le château des Duval. Ce qui semble donner quelque consistance à cette croyance, c'est d'abord le nom de « pré du Prieur » que continue encore à porter la prairie qui est en face du château. En outre, c'est la dénomination « d'Etang des Chartreux », donnée jadis à un étang, sis au Monteil, détruit comme tant d'autres dans notre région pendant la tourmente révolutionnaire et aujourd'hui converti en superbes prairies, appartenant maintenant à la famille Druliolle (1).

Enfin, certains croient voir aussi un indice du couvent des Chartreux dans la maison Peyroux qui a été appelée jusqu'à ce jour « Maison du Prieur ».

---

(1) Cet étang avait appartenu longtemps aux Chartreux de Glandier. Il fut vendu, à la Révolution, à Brugeac, pour la somme de 130 francs.

Une des cheminées y porte dans un écu la date de 1605 et sur un linteau extérieur apparaît un ostensoir sans pied et un IHS rayonnant (1).

Cela ne prouve pas absolument qu'il y ait eu à Saint-Maixent un prieuré-cure, mais seulement que les curés d'il y a trois siècles environ étaient, comme on le voyait ailleurs, titulaires de quelques prieurés.

Ne semble pas mieux établie non plus l'existence d'un couvent d'Ursulines, comme le prétend la tradition locale, au hameau de Viellechèze. A ce sujet, nous n'avons pu découvrir aucun document sérieux.

Toutefois, sur la rive droite de l'Eau-Grande, les restes d'un édicule religieux sont encore visibles. Le terrain qui les porte est dénommé « Pré et bois du curé ».

Quoi qu'il en soit de cette tradition, il est certain qu'il a existé autrefois à Viellechèze une chapelle rurale, au service de laquelle était attaché un prêtre.

M. Decembre, mort depuis peu de temps, ayant fait des fouilles, a trouvé, il y a environ trente ans, dans cette chapelle en ruines, un christ et une petite clochette de servant de messe que la famille conserve précieusement.

Naguère encore on montrait un chemin, fermé de chaque côté de charmes et de noisetiers, par lequel les religieuses passaient, toujours d'après la même tradition, pour se rendre à la dite chapelle.

---

(1) Ce qui reste bien établi, c'est que les Chartreux de Glandier eurent jadis sur le tènement de Saint-Maixent des cens et des rentes qui furent vendus, à la Révolution, 848 francs à la famille Duval. Un domaine, appartenant aux Bernardines, de Tulle, fut vendu aussi 452 fr., à cette époque, aux Duval.

Notre-Dame de Saint-Maixent

La chapelle la plus célèbre et la plus vénérée était celle qui était bâtie sur la route de Tulle, au carrefour marqué par une croix qu'on appelle : Croix de la Chapelle.

D'une origine ignorée, on ne sait combien de temps cette chapelle est restée debout. En 1655, elle portait le nom « des Eschats ». Elle a été détruite pendant la fureur révolutionnaire. Elle n'a achevé de disparaître que vers 1860.

C'est le père Laval, dit Bassaler, décédé en 1901, âgé de plus de quatre-vingts ans, qui a enlevé les dernières dalles du sanctuaire pour labourer son champ et emporté chez lui les derniers vestiges des boiseries qu'on n'a pas eu la bonne inspiration de conserver.

Comme souvenirs, nous n'avons plus que la statue miraculeuse, déposée dans l'église paroissiale, la troisième cloche et l'ancien bénitier en pierre qui est maintenant dans la cour du nouveau presbytère.

La fête de cette chapelle était le jour de la Nativité de la Sainte Vierge, 8 septembre. Elle était le centre d'un pèlerinage considérable, puisqu'on avait construit un « Hôtel des Pèlerins » dit aussi « Hôtel des Bois ».

La statue qui s'en conserve, comme la procession qui se porte encore chaque année à ce lieu béni, le dimanche qui suit le 8 septembre, attirent des foules.

La fontaine de « las Nauzas » c'est-à-dire des maladies, est entourée comme autrefois de pèlerins et de malades ; on l'appelle également « Font de l'Hoste ».

Je fais des vœux pour que l'un de mes successeurs, vivant en des temps meilleurs et plus chrétiens, ressuscite et relève un jour de ses ruines la chapelle de Notre-Dame de Saint-Maixent, qui sera un vrai paratonnerre contre l'impiété pour la paroisse tout entière.

La chapelle de Notre-Dame de Saint-Maixent fut interdite par l'Evêque de Limoges en 1746. Voici le document qui l'atteste et en donne le motif (1).

« Le lundi 23 mai 1746 accompagné de Messire Henri Jacques de Montesquiou, prêtre docteur en théologie, abbé de l'église séculière et collégiale de Saint-Martial de la ville de Limoges, l'un de nos vicaires généraux, de M. Etienne Oroux, prêtre, notre aumônier que nous avons commis pour notre promoteur et de notre secrétaire nous sommes transportés en la chapelle rurale de Notre-Dame, paroisse de Saint-Maixent, et après y avoir fait notre prière, nous avons observé que le marbre est trop élevé ; que l'autel est dépourvu de cartons, que les chandeliers ne sont pas décents, que la croisée n'est pas vitrée, et qu'elle est mal placée ; que la dite chapelle n'est pas pavée. Sur quoi ouï et ce requérant notre promoteur, nous ordonnons : 1º que le marbre sera incrusté et mis à niveau à la surface de l'autel ; 2º qu'il sera fourni au dit autel des cartons et deux chandeliers de cuivre ou de bois doré ; 3º que la croisée sera placée auprès de l'autel du côté de l'Epitre et qu'elle sera vitrée à neuf ; 4º que la dite chapelle sera totalement pavée de grands carreaux de pierre. Toutes lesquelles répa-

---

(1) Archives de Limoges. Communiqué par M. l'abbé Echamel.

rations seront faites dans un an et le dit temps passé la dite chapelle demeurera interdite par le seul fait ; et afin que personne ne prétende cause d'ignorance de notre présente ordonnance nous enjoignons au sieur curé d'en faire la lecture au prône de l'église paroissiale le premier dimanche après qu'il en aura reçu copie.

† J. G., Evêque de Limoges.

#

Chapelle de Laval-Verdier

Marguerite de Fénis de Laval fit construire, il y a deux siècles, dans sa propriété de Laval-Verdier, ainsi qu'en font foi les documents ci-dessous reproduits, une chapelle dont les murs sont encore debout ; mais elle est malheureusement aujourd'hui affectée à des usages profanes.

« Requête de Marguerite de Fénis de Laval à Mgr l'illustrissime et révérendissime évêque de Limoges (1).

« Supplie humblement Marguerite de Fénis dame de Laval. Disant que le dit lieu de Laval-Verdier est situé dans la paroisse de Saint-Maixent et à l'extrémité d'icelle et éloigné environ une lieue du bourg, il y a même un ruisseau (2) à passer, situé proche le village du Châtaigner, lequel il est très difficile de passer en temps d'hiver, à cause qu'il n'y a pas de pont, la dame suppliante se trouve même fort avancée dans l'âge et indisposée, de sorte qu'il

---

(1) Archives de la Haute-Vienne. Communiqué par M. l'abbé Echamel.
(2) L'Eau-Grande,

lui est presque impossible par tous ces moyens d'aller entendre la messe les jours de fêtes au bourg de Saint-Maixent, à cause de quoi elle désirerait faire bâtir une petite chapelle au dit lieu de Laval-Verdier pour y faire célébrer la Sainte Messe pour elle et ses domestiques. Seulement ce qui l'oblige d'avoir recours à Votre Grandeur pour la supplier de lui en accorder la permission. Ce considéré, Monseigneur, il vous plaise de vos grâces permettre à la suppliante de faire construire la dite chapelle au dit lieu de Laval-Verdier et dans l'endroit qui sera trouvé le plus favorable par tel commissaire qu'il vous plaira députer pour s'y transporter et ferez bien.
» Marguerite de Fénis de Laval. »

« Nous, avant faire droit de la présente requête, commettons M. Michel, supérieur du séminaire de Tulle et vicaire général du diocèse de Tulle, pour se transporter sur les lieux et dresser procès-verbal devers nous rapporté être ordonné ce qu'il appartiendra.

» Fait à Tulle dans le palais épiscopal, le 2 juin 1707.

» † Antoine, Evêque de Limoges. »

« Ce jourd'hui, 22 novembre 1707, Marguerite de Fénis, dame de Laval, nous ayant communiqué une requête par elle présentée à Mgr l'illustrissime et révérendissime évêque de Limoges aux fins d'obtenir la permission de bâtir une chapelle domestique dans son château de Laval-Verdier, situé dans la paroisse de Saint-Maixent, diocèse de Limoges, avec une commission au bas d'icelle, en date du 2 juin de la même année, par laquelle le dit seigneur évêque nous fait l'honneur de nous commettre pour nous transporter sur les lieux et dresser notre procès-verbal de l'état d'iceux, nous soussigné vicaire général de Mgr l'illustrissime et révérendissime évêque seigneur et vicomte de Tulle et supérieur de son séminaire, en vertu de la susdite commission que nous avons acceptée avec respect, nous sommes transportés dans le dit château de Laval-Verdier, où M. de Saint-Germain, fils de la dite dame de Laval nous ayant fait voir le lieu où la dite dame sa mère, avait dessein de faire bâtir une chapelle domestique, nous avons trouvé l'emplacement commode, décent et conforme aux saints canons. Ensuite de quoi se sont présentés devant nous les nommés François Peyroux, du village du Verdier, âgé de 70 ans, Pierre de Laval-Verdier de la susdite paroisse de Saint-Maixent, Chomeil, du village de Chomeil, paroisse de Saint-Clément, âgé de 50 ans et Jean Laval, du village du Châtaigner, âgé de 56 ans, tous proches voisins du dit château de Laval-Verdier, lesquels nous ont assuré avec serment que le dit château était distant de l'église paroissiale du dit Saint-Maixent d'environ une lieue et que pour y aller il fallait passer un ruisseau auprès du village du Châtaigner, lequel s'enfle quelquefois et surtout en hiver jusqu'à rendre les chemins impraticables, de sorte qu'il lui avait été souvent impossible d'assister à la messe dans la dite paroisse de Saint-Maixent.

» Lecture faite, le dit Jean Laval a signé au bas des présentes, les sus dits François Peyrou et Pierre Chomeil ont déclaré le présent verbal pour icelui rapporté à mon dit seigneur l'illustrissime et révérendissime évêque de Limoges, afin qu'il ordonne ce qu'il jugera à propos.

» Fait au dit château de Laval-Verdier les mêmes jour et an que dessus.

» Marguerite de FENIS de LAVAL.

» LAVAL, présent.

» MICHEL, vicaire général et supérieur du séminaire de Tulle. »

« Antoine de Charpin de Genetines, par la miséricorde de Dieu et par la grâce du Saint-Siège apostolique évêque de Limoges, conseiller du Roy en tous ses Conseils, savoir faisons que, vu la requête à nous présentée par Marguerite de Fénis, dame de Laval, veuve, tendante à faire bâtir une chapelle au dit lieu de la paroisse de Saint-Maixent et la difficulté des chemins, surtout en temps d'hiver, ce qui paraît par le procès-verbal adressé par M. Michel, prêtre vicaire général de Mgr l'illustrissime et révérendissime évêque et vicomte de Tulle, en date du 22 novembre dernier, par nous commis, et tout mûrement considéré, nous avons permis et permettons à la dite Marguerite de Fénis, dame de Laval, de faire construire une chapelle au lieu de Laval-Verdier, dans le lieu et place désignés par notre dit sieur commissaire, et, après la construction de la dite chapelle, nous avons commis et commettons de nouveau le même M. Michel pour se transporter sur les lieux et dresser procès-verbal de l'état où se trouvera la dite chapelle, pour icelui rapporté par devant nous être ordonné touchant la bénédiction d'icelle, ce qu'il appartiendra.

» Fait dans le palais épiscopal de notre cité de Limoges, le 4 décembre 1707.

» † Antoine, Evêque de Limoges. »

« Aujourd'hui, 20 juin 1708, Marguerite de Fénis,

dame de Laval, nous ayant présenté une permission de bâtir une chapelle domestique dans son château de Laval-Verdier, à elle accordée par Mgr l'illustrissime et révérendissime Evêque de Limoges. Ensemble une commission, en date du 4 décembre 1707, par laquelle le dit seigneur évêque nous fait l'honneur de nous commettre pour aller visiter la dite chapelle, lorsqu'elle sera bâtie et dresser notre procès-verbal de l'état d'icelle pour être sur icelui statué ce qu'il jugera à propos, la dite dame de Laval nous ayant assuré que la sus dite chapelle était en état et en même temps supplie de vouloir procéder à la visite d'icelle. Nous soussigné vicaire général de Mgr l'illustrissime et révérendissime Evêque seigneur et vicomte de Tulle et supérieur de son séminaire, en vertu de la susdite commission que nous avons acceptée avec respect, nous nous sommes transporté dans le dit château de Laval-Verdier où étant Monsieur de Saint-Germain, fils de la dite dame de Laval, nous a fait voir la chapelle en question solidement bâtie dans l'emplacement par nous désigné dans notre procès-verbal du 22 novembre 1707, bien couverte dont les murailles sont blanchies par dedans et même ornées de peintures, avec sa porte fermant à clef et ses fenêtres bien vitrées, au fond de laquelle contre la muraille vers le milieu d'icelle est dressé un autel portatif consacré, nappes, canon, gradin, chandeliers, crucifix et au-dessus un tableau où est représentée une descente de la croix. Ensuite, le dit M. de Saint-Germain nous a montré le missel, un calice d'argent avec sa patène dorée par dedans, bassin, burettes, ornements, linges et généralement tout ce qui est nécessaire pour célébrer les saints mystères, le tout fait à neuf, propre, décent et conforme aux saints canons.

De tout quoi, nous avons dressé notre procès-verbal pour être icelui rapporté à mon dit Seigneur l'illustrissime et révérendissime évêque de Limoges, afin qu'il ordonne en conséquence ce qu'il jugera à propos.

» Fait au dit château de Laval-Verdier, les mêmes jour et an que dessus.

» MICHEL, vicaire général de Tulle, commissaire. »

« Antoine de Charpin de Genetines, par la miséricorde de Dieu et par la grâce du Saint-Siège apostolique, évêque de Limoges, conseiller du roi en tous ses Conseils, savoir faisons que, vu la requête à nous présentée par Marguerite de Fénis, dame de Laval, tendant à faire construire une chapelle domestique au dit lieu et château de Laval-Verdier, la dite requête répondue de nous le 2 juin de l'année dernière 1707, ensemble le procès-verbal de visite de 22 novembre de la même année, fait en conséquence par M. Michel, prêtre vicaire général de Mgr l'illustrissime et révérendissime évêque et vicomte de Tulle et supérieur du séminaire du dit Tulle par nous commis pour reconnaître le lieu le plus propre du dit château de Laval-Verdier dans l'étendue de la paroisse de Saint-Maixent de notre diocèse, pour y construire la dite chapelle, comme aussi la permission par nous accordée de bâtir la dite chapelle dans l'endroit désigné par notre dit commissaire en date du 4 décembre de l'année dernière, autre procès-verbal de visite fait par le même commissaire le 20 juin de la présente année, par lequel il nous paraît que la dite chapelle est maintenant construite et qu'elle est dans un état décent et convenable et fournie de toutes choses requises pour être bénie et y être ensuite célébré le saint sacrifice de la messe.

» Et tout mûrement considéré, nous avons permis et permettons que la dite chapelle soit bénie par le dit M. Michel, en observant les formes prescrites dans le rituel de notre diocèse et qu'ensuite on y puisse célébrer le très saint sacrifice de la messe, à laquelle la dite dame pourra assister avec sa famille et son domestique dont elle ne pourra se passer, et que la dite dame acquittera avec soin ce qui est porté par son contrat du 28 juin de l'année courante et qu'elle aura soin d'entretenir la dite chapelle domestique dans la décoration et décence requises et qu'on observera d'ailleurs tout ce qui est prescrit par les saints canons et par les ordonnances de notre diocèse touchant les chapelles domestiques. Ordonnons en outre que tous les actes concernant la dite chapelle et notre présente ordonnance, ou copie d'iceux en forme demeureront en notre secrétariat pour y avoir recours en cas de besoin.

« Fait dans le palais épiscopal de notre cité de Limoges, le 8 juillet 1708.

» † Antoine, Evêque de Limoges.

» Par Monseigneur, Brioulle, secrétaire. »

« Par devant les notaires royaux soussignés a été présente dame Marguerite de Fénis, veuve de Monsieur de Laval, habitante de la présente ville de Tulle. Laquelle ayant dit qu'elle a obtenu la permission de Mgr l'illustrissime et révérendissime Seigneur évêque de Limoges de faire bâtir une chapelle domestique à son château de Laval-Verdier, paroisse de Saint-Maixent, dans l'emplacement marqué par M. Michel, supérieur du séminaire de cette ville et vicaire général de Mgr l'illustrissime et révérendissime évêque et vicomte de Tulle, commissaire député par le dit Seigneur évêque de Limoges, comme il résulte de son ordonnance de 2 juin 1707 et procès-verbal du 22 novembre et ordonnance du dit Seigneur évêque du 4 décembre 1707 et du procès-verbal de l'état de la dite chapelle du 20 du mois de juin 1708, les dits actes signés du dit Seigneur évêque de Limoges et de mon dit sieur Michel et d'autant que la dite dame de Laval ne veut pas laisser la dite chapelle sans être dotée, elle a par ces présentes et de son bon gré fondé à perpétuité cinq messes basses pour être dites dans la dite chapelle, annuellement suivant son intention et celle de ses successeurs et pour cet effet a établi sur tous et un chacun de ses biens présents et à venir une rente annuelle et perpétuelle de la somme de cinq livres sous le sort capital de celle de ses livres, laquelle somme de cinq livres sera employée annuellement par la dite dame pendant sa vie et par ses successeurs après son décès à faire dire les dites cinq messes dans la dite chapelle de Laval-Verdier présentement construite, à tel jour qu'elle et ses successeurs trouveront à propos, autres toutefois que les quatre fêtes annuelles et fête du patron de l'église de Saint-Maixent. Suppliant à cet effet la dite dame, le dit Seigneur évêque de Limoges de vouloir agréer et autoriser la dite fondation des messes annuelles et perpétuelles de la manière ci-dessus expliquée, à condition que la dite fondation ne sera sujette à aucun décime, ni impositions, comme la dite somme de cinq livres étant absolument nécessaire pour le service imposé. Dont et de quoi la dite dame nous a requis acte que nous lui avons concédé sans obligation, hypothèque de tous ses biens présents et à venir et sous les soumissions, renonciations, compultions, foi et serment de droit.

» A Tulle, le 28 juin 1708 après midi. Régnant Louis Roy. Ainsi signé à l'original : Marguerite de Fénis de Laval. Froment, notaire, commis et moi notaire soussigné. Le dit original document contrôlé par le dit Froment.

» Par expédition, FAIGE, notaire royal apostolique. »

#

« A Mgr l'illustrissime et révérendissime évêque de Limoges.

» Supplie humblement Marguerite de Fénis, dame de Laval, disant que vous ayant très humblement demandé la permission de faire construire une chapelle dans la cour de son château de Laval-Verdier, paroisse de Saint-Maixent, vous auriez avant de faire droit de la dite permission commis Monsieur Michel, supérieur du séminaire de Tulle pour se transporter sur les lieux et en dresser procès-verbal en exécution de laquelle ordonnance mon dit sieur Michel aurait non seulement dressé son procès-verbal, mais encore fait enquête de la nécessité de la dite chapelle, attendu la distance de la paroisse, le ruisseau qu'il fallait traverser, dans le second novembre 1707, au pied duquel procès-verbal vous auriez permis à la dame suppliante de faire construire une chapelle dans le lieu de Laval-Verdier et place désignée par M. Michel et ordonné que M. Michel se transporterait sur les lieux après la construction pour dresser procès-verbal de l'état de la dite chapelle, ce qui a été encore exécuté tant de la part de mon dit sieur Michel que de la dame suppliante qui a fait bâtir la dite chapelle dans l'emplacement marqué et dans une décence convenable à pouvoir y célébrer la Sainte Messe suivant les canons, laquelle chapelle se trouve ornée de missel, calice et autres ornements comme il résulte du procès-verbal de mon dit sieur Michel du 20 de juin dernier. De sorte qu'il ne reste, Monseigneur, en exécution de votre ordonnance du 4 décembre dernier qu'à commettre M. Michel ou tel autre prêtre qu'il vous plaira pour la bénédiction de la dite chapelle et permission ensuite d'y célébrer la Sainte Messe. La dite dame a encore plus fait, car elle a fondé cinq messes annuellement et à perpétuité pour être dites dans la dite chapelle à tel jour qu'elle et ses successeurs trouveront à propos, autres toutefois que les quatre fêtes annuelles et jour du patron de l'église de Saint-Maixent et pour cet effet a fait une rente de cent sols annuellement sous le sort capital de cent livres, ainsi qu'il résulte par l'acte du 27 juin dernier, ci attaché que la dame vous requiert très humblement de vouloir autoriser et approuver. Ce considéré, Mgr, il vous plaise de vos grâces, attendu ce qui résulte de votre ordonnance et procès-verbal, commettre mon dit sieur Michel ou tel autre prêtre qu'il vous plaira pour faire la bénédiction de la dite chapelle, afin que la Sainte Messe puisse y être célébrée. Au surplus approuver la dite fondation des messes et la dite dame continuera ses prières pour la prospérité de Votre Grandeur.

» Marguerite FENIS de LAVAL. »

Depuis la Révolution de 1793, tout culte a cessé dans la chapelle de Laval-Verdier qui sert maintenant de lieu de débarras. Des belles fresques qui ornaient auparavant l'intérieur il ne reste que quelques-unes et très défraîchies. Une d'entre elles à moitié conservée représentait la Cène, c'est-à-dire Notre-Seigneur, entouré de ses douze apôtres.

Seules les trois inscriptions suivantes sont déchiffrables :

Benedic, Domine,
Domum istam quam
Ædificavi nomini tuo.

Bénissez, Seigneur, ce lieu que j'ai édifié en votre nom.

J'entrerai, Seigneur,
Dans votre maison
Et je vous adorerai dans
Votre saint temple avec
Une crainte respectueuse.

Je donne la sagesse
Et la persévérance
Et la salut à ceux
Qui prieront dans ce lieu.

Au-dessus de l'ancienne chapelle, dans une chambre du château de Laval-Verdier on voit un tableau sur toile, très bien conservé, représentant Moïse et le buisson ardent. Au milieu de ce buisson apparaît Jéhova, la main droite étendue vers le ciel et la main gauche tenant le globe terrestre.

Les archives départementales font mention « d'un bail par Martial de Fénis, président au siège présidial de Tulle et grand prévôt du chapitre des cens, rentes et devoirs seigneuriaux lui appartenant en sa qualité de grand prévôt, sur les villages de Laval-Verdier, de Labesse et du Pouget. »

Chapelle du Pouget

Requête concernant la chapelle domestique du Pouget, 1731 (1).

« A Monseigneur l'illustrissime et révérendissime évêque de Limoges.

» Monseigneur,

» Supplie humblement Jacques Jarrige, prêtre, chanoine en l'église cathédrale de Tulle, vicaire général et official, vice-gérant de Mgr l'Evêque de Tulle.

» Disant que Mgr Charpin de Genetines, évêque de Limoges, votre prédécesseur immédiat lui avait accordé la permission de construire et bénir une chapelle dans la cour de sa maison, au village du Pouget, paroisse de Saint-Maixent, pour y célébrer ou y faire célébrer la Sainte Messe, à la charge de se conformer aux statuts de votre diocèse et de ne pas préjudicier aux droits paroissiaux, comme il appert par la lettre missive de mon dit Seigneur adressée à Mgr de Saint-Aulaire, évêque de Tulle, ci-jointe, en date du 3 décembre 1720 et par la permission accordée en forme authentique au suppliant, par mon dit Seigneur de Saint-Aulaire, évêque de Tulle, en vertu des pleins pouvoirs qu'il avait acceptés de mon dit Seigneur de Genetines, votre prédécesseur, conformant aux Lettres Rogatoires de grand vicariat expédiées à Limoges et duement insinuées au greffe des insinuations de votre diocèse de Limoges.

---

(1) Archives départementales de la Haute-Vienne, série G. 575. — Communication de M. l'abbé Echamel.

» En conséquence de laquelle permission le suppliant avait fait construire la dite chapelle à grands frais et l'avait bénite le 11 avril 1725 et y avait célébré ou fait célébrer la messe, en se conformant aux statuts de votre diocèse et sans aucun préjudice pour la paroisse et service d'icelle.

» Mais comme il a appris que Votre Grandeur voulait se faire présenter les permissions ci-devant accordées pour les chapelles domestiques et l'informer de l'état des dites chapelles et service d'icelles pour ne confirmer et ne renouveler que les permissions qu'elle trouverait justes et raisonnables et sans aucun inconvénient pour l'ordre public et assistance aux messes de la paroisse, le suppliant a l'honneur de vous présenter les permissions ci-jointes, avec le certificat du sieur de Lavaud, curé de Saint-Maixent, touchant l'état de la dite chapelle, et du service qu'on y fait, duquel il résulte que ces permissions ci-jointes, avec le certificat du sieur de Lavaud, curé de Saint-Maixent, touchant l'état de la dite chapelle, et du service qu'on y fait, duquel il résulte que ces permissions peuvent être renouvelées sans aucun inconvénient.

» Ce considéré, Monseigneur, il plaise à Votre Grandeur, confirmer et renouveler la permission accordée par Mgr votre prédécesseur et de son autorité en faveur du suppliant et des siens pour la chapelle du Pouget, paroisse de Saint-Maixent, et il continuera ses prières pour Votre Grandeur.

» JARRIGE, suppliant. »

« Le 10 septembre 1731, la permission ci-dessus demandée a été accordée par Monseigneur qui a fixé une redevance de 3 livres payables annuellement à la fabrique de Saint-Maixent.

» DESCELLES, prêtre secrétaire.

« Je soussigné prêtre et curé de la paroisse de Saint-Maixent, diocèse de Limoges, certifie à Mgr l'Evêque de Limoges que la chapelle que M. Jarrige, chanoine et vicaire général à Tulle a fait bâtir dans la cour de sa maison au village du Pouget de ma paroisse est très proprement bâtie et tenue dans un état décent et conforme aux règles de l'Eglise et qu'on n'y célèbre la messe communément que dans les mois de septembre et d'octobre, lorsque le dit sieur Jarrige va demeurer dans sa dite Maison du Pouget. Je certifie de plus que le village du Pouget est à l'extrémité du diocèse de Limoges et presque enclavé dans celui de Tulle, et que les messes qu'on dit dans la dite chapelle n'apportent aux messes de la paroisse aucun dérangement dont je me sois aperçu, et que le dit village du Pouget étant éloigné de près d'une lieue de mon église paroissiale, je ne vois aucun inconvénient qui puisse empêcher de continuer au dit sieur Jarrige la permission que Mgr de Genetines ci-devant évêque de Limoges avait accordée au dit sieur Jarrige pour raison de la dite chapelle, en foi de quoi j'ai signé le présent certificat.

» A Saint-Maixent, le 30ᵉ jour du mois de juillet 1732.

» LAVAUD, curé de Saint-Maixent. »

Le village et la chapelle du Pouget, jadis aux Fénis et aux de Burg, appartiennent aujourd'hui à la famille du docteur Soularue. Les anciens de la paroisse ont vu célébrer la Sainte Messe dans la dite chapelle par un prêtre attaché à l'avant-dernière de ces familles.

Mme Lavherne, sœur de M. le général Brugère, ancien gouverneur de Paris et généralissime.

a bien voulu me montrer au mois d'août dernier l'ancien autel de cette chapelle, qui consiste en un seul bloc de pierre, ayant 2 mètres de long et 0 m. 80 centimètres de large.

A présent cet autel se trouve à l'extrémité de la principale allée du parc, servant de table soit pour les jeux soit pour les rafraîchissements en été.

En voyant de mes yeux, en touchant de mes mains l'endroit creusé où était placée la pierre sacrée, sur laquelle a été célébré tant de fois le divin sacrifice de la messe, j'ai été saisi d'une émotion inexprimable, priant intérieurement le divin Sauveur qui s'y est immolé si souvent pour le salut du monde de faire prochain le jour où cet autel sera rendu à sa destination première !

§ XI. -- Curés de la Paroisse

Bien que la paroisse de Saint-Maixent soit connue depuis plus de mille ans, la liste de ses curés n'a pas été conservée antérieurement au seizième siècle.

Ont été curés :

En 1501, Louis de Saint-Exupéry de Miremont. (1)
En 1530, Fabien de Selve. (2)
En 1560, Pierre de Bino.
En 1580, François Borie.
En 1606, Etienne Perrier.
En 1617, Jean Ceron. (3)

---

(1) Il avait le titre de chapelain, *capellano*.
(2) Il était aussi prieur de Saint-Pantaléon-de-Lapleau.
(3) Prieur aussi de la Rhode, de Saint-Clément.

En 1631, Antoine Ceron (1).
En 1652, Pierre Dumyrat.
En 1666. Jean-Baptiste Ceron (2).
En 1682, Jean-Martial de Lespinasse (3).
En 1728, N. Lavaud.
En 1746, N. Buginie.
En 1754. N. Desager.
En 1778. Jean-Albier. de Beffefond (4).
En 1787, M. Buisson.
En 1792, N. Ladoire (5).

#

A partir de cette date jusqu'en 1804, les Registres ne font plus mention ni des baptêmes, ni des mariages, ni des sépultures religieuses.

Bien qu'il n'existe aucun document là-dessus, il est hors de doute que la plupart des parents fai-

---

(1) Vicaire du précédent qui le remplace dans les deux bénéfices. En 1637, il échange sa cure pour un canonicat au chapitre de Tulle ; mais il révoque son acte sans retard, prétendant qu'il se trouve grandement frustré et lésé en ladite permutation, et il garde son poste.

(2) Qui affermait ses dîmes 400 setiers de blé, sur lesquels il était obligé de donner 85 l. à un vicaire et 160 l. de pension à un autre prêtre.

(3) Duquel, dom Boyer, bénédictin, qui préparait le *Gallia Christiana nova*, parle en son journal de voyage dans les termes suivants : « Ce digne curé est savant et entend bien à faire les vers français. Lorsque je demeurais à Beaulieu, j'avais commerce avec lui ; nous nous écrivions souvent en vers et nous fûmes ravis de nous voir pour la première fois. » Il était allé le voir à Tulle, le 13 août 1712, et le curé, dit-il, lui fit voir un Pouillé du diocèse de Limoges, où il trouva plusieurs choses remarquables.

(4) Voir notice infra, page 46.

(5) Ce dernier a continué à signer dans les registres de catholicité comme curé légitime jusqu'en 1793.

saient baptiser leurs enfants et que les fidèles recevaient tous les autres sacrements, soit dans des maisons particulières, soit dans des greniers ou même des granges, partout en un mot où se cachait le curé légitime qui était M. Albier de Bellefond (1).

Dès la fin de l'année 1793, l'autorité civile s'empara des registres de l'église et les fit porter à la mairie, où elle fit mention des naissances, des mariages et des sépultures, en employant d'ordinaire la formule suivante pour les naissances : « On a déclaré aujourd'hui à la mairie la naissance de..... fils ou fille du citoyen un tel et de la citoyenne une telle..... » (2).

Signée par l'officier public.

Les fonctions d'officier public furent remplies :
En 1793 et 1794, par Fage.
En 1795, 1796 et 1797, par Sarraudie.
Et en 1798, 1799 et 1800, par Soulier.

#

Après le Concordat furent curés de Saint-Maixent:
En 1803, Léonard Maschat (3).
En 1827, Jean-Pierre Jougounoux.
En 1833, Joseph Juillet de Labesse.
En 1837, N. Vigne (4).
En 1837, Antoine Treil.
En 1842, Antoine Vaille (5).

---

(1) Dont l'arrestation eut lieu le 13 mars 1794.
(2) Voir archives de la Corrèze.
(3) Voir plus loin une notice spéciale.
(4) De Tulle ; il fut attaché au diocèse de Tours.
(5) Dont une petite-nièce (sœur Marie-Germaine), Mlle Jeanne Crauffon, de Lachapelle-aux-Saints, est religieuse au Carmel de Tulle.

En 1850, Etienne Gary.
En 1887 Joseph Duroux.
En 1889, Marcelin Salagnac (1).
En 1896. Antoine Pinardel (2).
En 1900. Pierre-Léonard Borde.

§ XIbis. -- Vicaires (3)

Jusqu'à la tourmente révolutionnaire, il y a toujours eu un vicaire à Saint-Maixent.
Voici la liste des noms qui ont été conservés. Furent vicaires :

En 1679, Bascoulergues. — En 1686, Bosredon. — En 1688, Laborie. — En 1697, Pacaille. — En 1700, Mensat. — En 1703, Pradalier. — En 1704, Marinie. — En 1712, Lebœuf. — En 1714, Chassaigne. — En 1716. Aleyrac. — En 1726, Amat. — En 1728, Beauzille. — En 1729, Laves. — En 1730, Gardavain. — En 1731, Valen. — En 1737, Geauffre. — En 1740. Boudry. — En 1743, Reyjal. — En 1747, Mavic. — En 1748, Machon. — En 1749, David. — En 1752, Dupuy. — En 1753, Planchard. — En 1756, Cessac. — En 1757, Duchalard de Guillaume. — En 1760, Satuanel. — En 1761, Durand. — En 1763, Bosredon. — En 1778, Simonie. — En 1782, Juvisy. — En 1785, Verdier (4). — En 1789, Louradour. — En 1790. Manaud.

Parmi ces curés et vicaires, quelques-uns méri-

---

(1) Exerçant encore le ministère dans le diocèse de Marseille.
(2) Actuellement curé de Naves.
(3) Archives paroissiales.
(4) Voir plus loin une Notice spéciale.

tent une mention spéciale à raison du rôle qu'ils jouèrent pendant la tourmente révolutionnaire ; ce sont MM. Albier de Bellefond et Léonard Maschat, curés, M. Etienne Verdier, vicaire.

§ XII. -- Confesseurs de la foi pendant la Révolution

1° M. Albier de Bellefond [1]

Jean-Albier de Bellefond naquit le 19 mai 1736.

Le château de Bellefond qui appartenait à sa famille est situé dans la commune de Lagraulière ; il est passé de nos jours, par alliance, à la famille corse Arrighi de Casanova, descendant des ducs de Padoue.

Jacques Albier de Bellefond, né vers 1730, curé de Corrèze en 1769, était le frère de notre confesseur de la Foi.

Le registre des ordinations conservé à l'Evêché de Limoges, le dit fils d'Etienne-Albier de Bellefond et de Marie Desaignes, de Lagraulière. Il fut tonsuré à Limoges le 18 décembre 1756, minoré le 5 mars 1757, sous-diacre le 17 décembre de la même année et diacre le 20 mai 1758. Il mourut à l'âge de soixante-quinze ans, le 6 mai 1805.

Jean-Albier de Bellefond, que les registres du Grand-Séminaire nous disent être « d'un caractère doux et pieux », prit ses grades à l'Université d'Angers et fut ordonné prêtre à Noël de l'année 1762.

---

(1) Confesseurs et Martyrs de la Foi, par l'abbé Lecler.

Il fut d'abord vicaire à Bussière-Galant. De là, voulant se faire religieux, il entra à la Trappe, mais n'y resta pas, et devint vicaire à Saint-Pardoux-la-Croisille.

En 1775, il fut nommé curé de Saint-Maixent.

Le 1er décembre 1787, atteint d'infirmités qui ne lui laissaient pas toute la liberté nécessaire pour remplir son ministère, il résigna cette cure en faveur de Léonard Buisson, qui en prit possession en présence d'Etienne Verdier, vicaire de Saint-Maixent et de Géraud Breuil, vicaire de Saint-Germain-les-Vergnes.

Il continua à résider dans cette paroisse, et il fut toujours appelé : Curé de Saint-Maixent.

Au moment de la persécution, il resta fidèle à son devoir, et refusa le serment schismatique de la constitution civile du clergé. Aussi, il ne tarda pas à être emprisonné, puis condamné à la déportation au-delà des mers.

Les administrateurs du district de Tulle le firent d'abord conduire dans l'ancien couvent des Récolets de Tulle, puis à Bordeaux, avec une soixantaine d'autres prêtres fidèles — au nombre desquels son ancien vicaire, Etienne Verdier — le 13 mars 1794 et il fut enfermé dans la prison dite du Petit-Séminaire.

Il y souffrit jusqu'au 21 novembre de la même année, jour auquel il fut embarqué sur le vaisseau le *Gentil*, avec deux cent-cinquante autres prêtres fidèles, destinés, comme lui, à aller mourir à Cayenne.

Le 17 décembre 1794, les trois vaisseaux, le *Gentil*, le *Dunkerque* et le *Républicain*, prirent la haute mer pour aller à leur destination. Ils voguaient depuis deux jours, lorsque survint une affreuse tempête, où ils faillirent périr. Quand le danger fut passé, ils reprirent leur route, mais bientôt les capitaines effrayés par le bruit des canons des flottes anglaise et espagnole qui se trouvaient à quelques milles, et, craignant de tomber entre les mains de leurs ennemis, donnèrent ordre de revenir en arrière, et vinrent se réfugier à l'embouchure de la Charente.

Jean Albier de Bellefond vit en ce lieu, sur les vaisseaux partis de Rochefort, ses confrères qui y souffraient et y mouraient en si grand nombre depuis le mois de février. Pour lui, il fut bientôt conduit au Port-des-Barques, où les capitaines des trois vaisseaux partis de Bordeaux, vinrent hiverner, ne voyant pas la possibilité de se lancer en pleine mer, à cause de la mauvaise saison et des croisières ennemies.

Les prêtres déportés passèrent l'hiver dans ses trois vaisseaux, où ils eurent beaucoup à souffrir.

Malgré le nombre des morts, au printemps ils étaient encore environ six cents, et leur position était extrêmement dure. A l'approche des grandes chaleurs, comme on présageait une épidémie mortelle, on commença à les libérer.

L'ancien curé de Saint-Maixent, revenu dans sa patrie en 1795, passa le reste du temps en cachette ou en prison.

La municipalité de Saint-Maixent atteste cependant qu'il résidait dans cette commune au 18 fructidor (4 septembre 1797).

A l'époque du Concordat, en 1802, il se trouvait à Eyburie Depuis, il fut nommé aumônier de l'hôpital d'Uzerche, poste qu'il laissa vers 1810, pour habiter dans la paroisse de Lagraulière.

Il avait obtenu de l'Evêque de Limoges l'autorisation d'y avoir une chapelle domestique.

Il y mourut au mois d'août 1820, à l'âge de quatre-vingt-quatre ans.

#

Le frère de notre confesseur de la Foi fut poursuivi lui aussi, comme noble et aussi pour avoir défendu d'une façon trop radicale les prêtres. A une réunion du conseil municipal où il était question d'eux, il coiffa le maire anti-religieux avec la table devant laquelle il présidait la séance.

Il s'enrôla dans l'armée de Condé ; après la dissolution de cette armée, il resta en Allemagne jusqu'au décret permettant aux Emigrés de rentrer en France. A son retour, il racheta sa propriété de Bellefond, vendue nationalement, et épousa sa cousine, Mlle Elisabeth de Saint-Hilaire, qui elle aussi avait été victime de la Révolution. Vivant dans son château de Favars avec son frère, le baron de Saint-Hilaire et une tante, la comtesse de la Chabraulie, elle fut arrêtée et emmenée prisonnière avec sa tante pour avoir refusé de révéler l'endroit où se cachait son frère poursuivi comme noble. Auparavant, elle avait dû assister au sac du château de Favars. Jugée au tribunal révolutionnaire de Tulle, elle fut condamnée ainsi que sa tante, Mme de la Chabraulie, à être guillotinée ; mais la chute de Robespierre empêcha l'exécution. La tante et la nièce furent relâchées.

Le dernier représentant de la famille de Bellefond, Hyacinthe Albier de Bellefond, s'est éteint à Lagraulière le 3 janvier 1888, ne laissant que deux filles, la baronne de Bonnafos et Mme Arrighi de Casanova.

A son tour M. Arrighi de Casanova, récemment décédé, a laissé trois enfants : un fils, commandant en retraite, habitant la paroisse de Naves et deux filles dont la plus jeune, Mlle Marthe, est la propriétaire du château de Bellefond, où elle continue par une vie pieuse et charitable les traditions chrétiennes de la famille des Bellefond dont l'honneur insigne a été de donner à l'Eglise un confesseur de la Foi.

Au château de Bellefond, on conserve précieusement un crucifix devant lequel, d'après une tradition de famille, ce confesseur a jadis célébré la Sainte Messe.

2° Léonard Maschat [1]

Léonard Maschat vit le jour le 9 octobre 1757, probablement à Tulle.

Deux de ses frères étaient déjà dans le sacerdoce.

Jean-Baptiste Maschat, né vers 1731, fut nommé curé de Chanteix en 1773 et de Chanac en 1783.

Léonard Maschat, vraisemblablement parrain du futur curé de Saint-Maixent, né en 1742, était directeur des Religieuses de la Visitation de Tulle.

Au sortir de son grand séminaire, Léonard Maschat, cadet, devint vicaire de son frère aîné à Chanac, où il était encore au moment où éclata la Révolution.

Les trois frères signèrent, le 24 avril 1791, la lettre adressée par le clergé du diocèse de Tulle à Mgr Rafélis de Saint-Sauveur, et refusèrent aussi le serment schismatique de la constitution civile du clergé.

---

[1] Confesseurs et Martyrs de la Foi, par l'abbé Lecler.

Ils furent emprisonnés comme prêtres non assermentés dans l'ancien couvent des Récollets à Tulle, et cela, en exécution d'un arrêté du Directoire du département de la Corrèze du 18 mars 1793, l'an II de la République une et indivisible. Leur emprisonnement se prolongea jusqu'en mars 1794 : alors, condamnés à la déportation au-delà des mers, après avoir été dépouillés de tout, même de leur bréviaire et de leur chapelet, ils furent conduits, avec une soixantaine d'autres prêtres fidèles, dans les prisons de Bordeaux, pour y attendre le départ des vaisseaux, chargés de les transporter à la Guyane.

Pendant huit mois encore, ils furent enfermés dans cette ville à la prison dite du Petit-Séminaire et, le 21 novembre 1794, ils furent embarqués sur le navire le *Gentil*, en compagnie d'Etienne Verdier et d'Albier de Bellefond, dont il a été déjà parlé.

Les vaisseaux, partis pour la Guyane, ne purent pas poursuivre leur route, comme nous l'avons dit plus haut, et ils vinrent se réfugier, avec leurs prisonniers à l'embouchure de la Charente.

Au printemps de l'année 1795, plusieurs de ces confesseurs, de ces martyrs de la foi, commencèrent à être libérés.

Les trois frères Maschat furent du nombre de ceux qu'on oublia, et, lorsque les vaisseaux reçurent l'ordre de démarrer, ils furent internés à Brouage, où le second des frères, l'aumônier des Visitandines de Tulle, mourut le 7 décembre 1795, âgé de cinquante-trois ans.

Je ne sais à quel moment le curé de Chanac rentra dans sa patrie, ni s'il occupa quelque poste au rétablissement du culte.

Le Nécrologe de l'Ordo nous indique sa mort en ces termes : « Maschat aîné, ancien curé de Chanac, mort en janvier 1807, âgé de soixante-seize ans »,

Le plus jeune, Léonard Maschat, put revenir seulement à Tulle le 21 août 1796. La liste des émigrés du département de la Corrèze indique « Maschat, ci-devant vicaire à Chanac, résidant à Tulle ».

A l'époque du 18 fructidor (4 septembre 1797), d'après les renseignements fournis par les administrations municipales des communes de la Corrèze, on voit que « Maschat, ex-vicaire de Chanac, résidait encore à Tulle ».

Après le rétablissement du culte, Léonard Maschat fut nommé en 1803 curé de Saint-Maixent, où il exerça saintement le ministère jusqu'au 20 avril 1827 et où vit encore son souvenir comme un parfum de sainteté.

3° Etienne Verdier, vicaire [1]

Etienne Verdier, né le 7 avril 1754, dans la paroisse de Saint-Priest-de-Gimel, était fils de Dominique Verdier et de Marie Maison.

Il entra au Séminaire des Ordinants à Limoges au mois d'octobre 1782, et fut tonsuré le 21 décembre suivant. En 1783, il reçut les Ordres Mineurs le 15 mars et le sous-diaconat le 20 décembre. Puis, en 1784, il fut diacre le 6 mars et prêtre le 5 juin.

Il devint vicaire à Saint-Maixent en 1785 et le resta jusqu'en 1789, époque où il fut nommé curé de Sérandon canton de Neuvic.

Il fut ferme contre la persécution et refusa le

---

(1) Confesseurs et Martyrs de la Foi, par l'abbé Lecler.

serment schismatique de la constitution civile du clergé. C'est pourquoi il fut emprisonné dans l'ancien couvent des Récollets de Tulle, en exécution d'un arrêté du département de la Corrèze du 18 mars 1793. Condamné ensuite à la déportation au-delà des mers, le 13 mars 1794, après qu'on l'eut dépouillé de tout, il fut conduit avec une soixantaine de prêtres fidèles dans les prisons de Bordeaux.

Il y souffrit pendant plus de huit mois dans la prison dite du Petit-Séminaire, et le 21 novembre il fut embarqué sur le navire le *Gentil* qui partit quelques jours après pour la Guyane.

Assailli par une violente tempête et, craignant de tomber au pouvoir des flottes anglaise et espagnole qui croisaient dans ces parages, ce vaisseau revint chercher un refuge sur les côtes de France et entra dans la Charente, où étaient déjà les vaisseaux des déportés par Rochefort.

Ces confesseurs de la Foi passèrent l'hiver sur le *Gentil*.

Pendant cet hiver qui fut long et rigoureux, les maladies et les privations firent de nombreuses victimes dans ces prisons flottantes.

Au printemps de 1795, les survivants reçurent peu à peu leur liberté, par des arrêtés du Comité de surveillance générale, accordés individuellement.

Etienne Verdier rentra alors dans sa famille.

Après le 18 fructidor (4 septembre 1797), suivant les déclarations des administrations municipales, il résidait encore à Saint-Priest, sa paroisse natale.

Au rétablissement du culte, Monseigneur du Bourg, évêque de Limoges, le nomma curé d'Eyren, dans le canton de Corrèze, où il mourut le 11 mars 1811, à l'âge de cinquante-sept ans.

§ XIII. — Mon installation

« Le vingt-sept mai 1900 a été installé curé de Saint-Maixent en remplacement de M. A. Pinardel, nommé à Saint-Clément, l'abbé Pierre-Léonard Borde, né le 1er novembre 1864, à Espleaud, commune de Sarran, venant d'Ussel où il avait été vicaire pendant huit ans.

» La cérémonie d'installation que présidait M. J.-B. Feugeas, curé-archiprêtre d'Ussel, a eu lieu avant la grand-messe qui a été chantée par le nouveau pasteur et à laquelle assistait une foule nombreuse, que l'église pouvait à peine contenir.

» Etaient présents :

» M. Guy, curé de Favars, Sœur Lucie Brajou, institutrice ; M. Eyrolles, instituteur, avec leurs élèves et les conseillers de Fabrique dont les noms suivent : M. Ernest Druliolle, maire de Saint-Maixent ; Géraud Mouzat, président ; Jean Laval dit Nanet, trésorier ; Jean Laval et Jean Terriac.

» Saint-Maixent, 27 mai 1900.

» Ont signé : J.-B. Feugeas, Druliolle, Mouzat, Laval, Laval, Terriac, P.-L. Borde, curé. »

§ XIV. — Vote des réparations de l'église [1]

« Nous soussignés Druliolle, maire ; Mouzat, président ; Laval dit Nanet, trésorier ; P.-L. Borde, curé ; Maure, Laval et Terriac, réunis au presbytère le

---

[1] Registre des délibérations de la Fabrique.

14 avril 1901, en séance ordinaire du Quasimodo, approuvons, autorisons et statuons ce qui suit :

» 1. — Vu l'état de délabrement et de ruine où se trouve déjà depuis longtemps l'intérieur de l'église, nous approuvons et autorisons les réparations suivantes : « Blanchir totalement l'intérieur de l'église, y compris la sacristie, en employant de la peinture à l'huile pour la partie de la voûte qui est en bois et de la colle pour les murs ; réparer le plancher vermoulu des deux chapelles par un pavé en pierres ou en ciment ; renouveler entièrement le plafond de la rotonde, qui est au-dessus du premier sanctuaire, ne laisser subsister dorénavant qu'un seul sanctuaire et qu'une seule table sainte qui devra être en bois ou bien en fonte ; mettre deux stalles et des boiseries allant jusqu'à l'autel, ainsi que des bancs, adhérant aux boiseries ; pour plus d'harmonie et de symétrie ouvrir une troisième croisée dans le mur du chœur, regardant le milieu de l'église ; placer la chaire près de la colonne, voisine de la porte de la sacristie ; enfin, refaire les deux fenêtres de la rotonde.

2º Le Conseil de Fabrique désigne pour l'exécution de ces diverses réparations M. Leyrie, du bourg de Saint-Maixent, lequel s'engage à les réaliser pour la somme de six cents francs et en répondra pendant cinq ans.

3º Comme présentement la Fabrique est dépourvue de toute ressource pécuniaire, le Conseil autorise et approuve l'emprunt de mille francs qui seront versés entre les mains de M. le trésorier par M. P. L. Borde, curé de la paroisse, lequel consent à aliéner cette somme de mille francs moyennant une rente de quatre-vingt-dix francs que lui paiera chaque année la Fabrique de Saint-Maixent pendant vingt ans, c'est-à-dire à partir de 1902 jusqu'en 1922.

4º La somme de quatre cents francs qui restera en plus sera employée à payer un ostensoir neuf que M. le curé a déjà acheté l'année dernière et pour lequel il a avancé les fonds ; à acheter un missel, des surplis, une croix de procession, un carillon, des livres de chant et divers objets dont l'église et la sacristie peuvent avoir besoin.

Fait à Saint-Maixent le 14 avril 1911.

     Druliolle, Mouzat, Laval, Nanet
     Laval, Terriac, P. Borde ,curé.

§ XV. — Souscription pour les réparations de l'église

Une souscription fut ouverte pour les réparations de l'église. Nous croyons pouvoir publier le nom des souscripteurs avec le chiffre de leurs offrandes.

Du BOURG. — Mme et M. le Général Duval, 140 francs ; M. Henri Duval, 40 ; M. Borde, curé, 100 ; M. Eyrolle, instituteur, 5 ; Sœur Lucie, institutrice, 5 ; Sœur Saint-Jean, institutrice, 5 ; M. Jules Brajou, 1 ; famille Peyroux, sacristain, 6 ; famille Leyrie, sacristain, 6 ; Nanet Laval, 5 ; Géraud Mouzat, 5 ; famille Verdier, 2 ; famille Espinas, 1 ; famille Maury, 10 ; famille Calchar, 1 ; famille Bouillac, 0,50 ; Anonyme, 0,50 ; famille Charvière, 5 ; famille Madelmond, 1 ; famille Manière, 0,50 ; famille David, 1 ; famille Salesse, 0,50 ; famille Simonot, 1 ; famille Vialle, 2 ; famille Reigner, 1 ; famille Bouillaguet, 1 ; famille

Lapeyre, 0.50 ; famille Bordes, 1 ; famille **Leygnat**, 0, 50 ; famille Vigne, 10 ; famille Neyrat, 0,50.

Du MONTEIL. — M. Victor Druliolle, 60 francs ; M. Léon Druliolle, avoué, 70 ; Mme Léon Druliolle, 105 ; M. François Druliolle, capitaine, 20 ; famille Bernard, 0,50 ; famille Fraysse, 0,50 ; famille J. Mouly, 0.50 ; famille Fr. Mouly, 0.45 ; famille Marthon, 0,50 ; famille Martinie, 0,50 ; Jeanne Mascombe, 1.

De DRULIOLLE. — Mme Bosredon, 20 francs.

De MOULY. — Famille Plas, 0 fr. 20.

De LA RHODE. — Famille Laval, 1 franc ; famille Jarrige, 2 ; famille Soulier, 3 ; famille Cessac, 0.50.

De LAGORSE. — Famille Leyrat, 5 francs ; famille Combe, 1.50 ; famille Soulier, 4 ; famille Estrade, 5 ; famille Bouillaguet, 1.

De LABASTISSE. — Mme Orliaguet, 20 francs.

Des LONZIERES. — Famille Lagier, 5 francs.

De LAGANE. — Famille Bouillac, 10 francs ; famille Verdier, 0.50.

De LACHASSAGNE. — Famille Sarraudie, 5 francs.

De LAPEYRE. — Famille Marthon, 2 francs ; famille Chèze, 2 ; famille Soustre, 1.

Du CHATAIGNER. — Famille Laval aîné, 15 francs ; famille Dubois, 10 ; famille Bosredon, 5 ; famille Sarraudie, 5 ; famille Gaillerie aîné, 5 ; famille Gaillerie jeune, 5 ; famille Laval jeune, 2.

De BOUCHELADE. — Famille Verdier, 3 francs ; famille Mouzat, 1.

De l'EAU-GRANDE. — Famille Patin, 1 franc ; famille Cueille, 1.

Du BOIS-NOIR. — Famille Graulier, 0 fr. 50 ; famille Chastang, 0.50.

De VILLYERAS. — Famille Terriac, 10 francs ; famille Barbouty, 6 ; famille Guillaumie, 0.50 ; famille Bourg, 1 ; famille Verlhac, 0.50 ; famille Roulet, 1.50 ; famille Soularue, 1 ; famille Bertin, 0.50 ; famille Anglard, 0.50 ; famille Daubernard, 0.25 ; famille Boucharel, 2.

De COURAL. — Famille Espinas, 2 fr. 75.

De LAVAL-GRILLERE. — Famille Vaur, 10 francs ; famille Guillaumie, 2 ; famille Gorse, 1 ; famille Meneyrol,1 ; famille Gouneix, 1 ; famille Laval, 1 ; famille Bordes, 2.

De CUEILLE. — Famille Meneyrol, 1 franc.

Des BROCHCS. — M. le docteur Maschat, 50 francs ; famille Laporte, 1.50 ; famille Mougein, 1 ; famille Vergne, 1 ; famille Bouilloux, 1.

De LACOSTE. — Famille Pouget, 1 fr. 50 ; famille Mathou, 2 ; famille Barret, 5 ; famille Madelmond, 2 ; famille Brunie, 7.

Du VERDIER. — Famille Bouysse, 5 francs ; famille Bourg, 5 ; famille Bussière, 3 ; famille Chastanet, 2 ; famille Simonot, 1 ; famille Cueille, 1 ; famille Mondet, 0.50 ; famille Sceaux, 5 ; famille Monzat, 30.

De LAVAL-VERDIER. — Famille Lagier, 3 francs ; famille Bouillac, 1 ; famille Cueille, 1 ; famille Fayet, 10.

De LABESSE. — Famille Cérézat, 2 fr. 50 ; famille Peyret, 2 ; famille Maugin, 0.30 ; famille Bosredon, 2.

Des POUGES. — Famille Bussière, 3 francs ; famille Lagarde, 1 ; famille Mondet, 0.50 ; famille Mouzat, 1.

De FAGEOL. — Famille Vergne, 2 francs.

De VIELLECHEZE. — Famille C. Farges, 1 franc ; famille J. Farges, 1 ; famille Seignol, 1 ; famille Bordes, 0.50 ; M. Decombre, 5.

De LA JARRIGE. — Famille Laval, 2 francs ; famille Reigner, 1 ; famille Valade, 0.50.

Des BOIS-GRANDS. — Famille Perrier, 1 franc.

Du PUY-BOUSSAGER. — Famille Simonot, 1 franc.

De POMPERI. — Famille Simonot, 0 fr. 50.

De BABAROT. — Famille Bouyges, 1 franc.

Des RIVIERES. — Famille Bézenger, 4 francs.

De LABORIE. — Famille Verdier aîné, 20 francs ; famille Mouzat, 2 ; famille Rougier, 1 ; famille Verdier, 5.

Du BOIS-MICHOU. — Famille Laval, 2 francs.

De FREYSSINGE. — Famille Borie, 5 francs ; famille Laudain, 5 ; famille Bordes, 0.50 ; M. Fouillade, 5.

Du PUY-DE-LACOSTE. — Famille Brunie, 2 francs.

De L'EVECHE. — Famille Bordes, 0 fr. 50.

Des PLANTADES. — Famille Farges, 2 francs.

Du POUGET. — Mme Lavernhe et Mme Soularue, 20 francs.

Cette quête produisit au total 1.058 fr. 20, ce qui permit d'acheter un vitrail, représentant l'Immaculée-Conception ; deux grisailles pour le chœur ; quatre petites grisailles pour la nef ; quatre bouquets d'autel, des canons d'autel, une chape pour les morts, des surplis et des étoles, de refaire en ciment les fondements de l'église autour du chœur, d'établir une porte extérieure dans la sacristie, de renouveler le pavé de l'église et des chapelles, de réparer le porche, de faire des escaliers devant la porte de l'église, de faire en ciment les escaliers de la tribune, enfin de peindre la chaire ainsi que les portes de l'église et de la sacristie.

§ XVI. -- Enlèvement du Christ de l'école [1]

L'an 1903 le 15 novembre, M. Léonard Gaillerie, du Châtaigner, demande à M. le Maire le motif pour lequel le Christ a été enlevé de l'école des filles.

M. le Maire répond que c'est pour se conformer aux ordres qu'avait reçus la directrice — Sœur Lucie — de ses chefs. Afin de rendre sa tâche plus facile et ne pas blesser les susceptibilités de cette religieuse, lui-même l'a fait enlever.

« Le Conseil, sur la proposition de M. Maschat, conseiller général de Tulle-Nord,

» Considérant,

» Que l'autorité académique n'a absolument aucun droit sur le mobilier de la commune, qu'il importe de n'abdiquer aucune des prérogatives municipales, de ne créer aucun précédent ;

» Et, d'autre part, considérant qu'en faisant enlever le Crucifix, placé dans l'école des filles, l'administration académique a blessé les croyances et les sentiments de respect unanimes de la population,

---

(1) Archives de la Mairie

» Emet le vœu : que les choses soient remises dans l'état précédent, c'est-à-dire que le Christ soit remis à sa place dans le plus bref délai, et passe à l'ordre du jour.

» Ont voté pour : MM. Lagier, Verdier, Gailleric, Nanet Laval, Bouillac, Maury, Maschat et Estrade.

» A voté contre : M. Druliolle.

» Se sont abstenus : M. Vigne et M. Laval, du Châtaigner. »

§ XVII. -- Protestation contre la dénonciation du Concordat [1]

« L'an mil neuf cent cinq et le trois décembre, nous soussignés, membres du Conseil de Fabrique de la paroisse de Saint-Maixent, réunis au presbytère sur l'autorisation de Mgr l'Evêque de Tulle, protestons vivement, tout d'abord comme français et comme catholiques, contre la dénonciation du Concordat de 1801 qui a donné à l'Eglise de France un siècle de paix religieuse et contre la prochaine Séparation de l'Eglise et de l'Etat qui portera atteinte à la liberté du culte, qui troublera l'esprit et les consciences des fidèles et qui imposera de très lourdes charges aux catholiques et plus particulièrement aux habitants des campagnes.

» Après cette protestation que nous regardons comme un devoir sacré de nos fonctions qui vont bientôt cesser, puisque le Conseil de Fabrique n'existera plus, nous tenons à affirmer notre attachement

---

(1) Délibérations de la Fabrique.

inviolable à la foi de notre Baptême et à l'enseignement infaillible de l'Eglise catholique.

» Ont voté pour : P. L. Borde, curé, Géraud Mouzat, président, Nanet Laval, trésorier, Jean Laval et Terriac.

» Ont voté contre : MM. Druliolle et Maure ».

§ XVIII. -- Protestation contre l'Inventaire [1]

En vertu de la loi sur la Séparation des Eglises et de l'Etat, le 19 décembre 1905, le gouvernement ordonna l'inventaire de tous les objets contenus dans les églises.

A l'agent du gouvernement, M. Bély, venant procéder à cette triste besogne, j'adressai du haut des degrés de l'autel et en présence d'une foule compacte, la protestation suivante :

« Monsieur,

» Je commence par déclarer qu'il n'est pas question ici de votre honorable personne, pour laquelle je suis rempli de vénération et d'estime.

» Comme on a dû vous le dire déjà ailleurs, vous venez en ce moment remplir une mission bien pénible et bien douloureuse ; vous venez accomplir un acte bien grave et presque sans exemple dans l'histoire du passé ; vous venez au nom du gouvernement inventorier et cataloguer, en vue peut-être d'une confiscation prochaine, les biens et les objets de

---

(1) **Registre des délibérations de la Fabrique.**

cette église. C'est là, de la part de l'Etat, une main mise sur ce qui ne lui appartient pas ; car, il ne peut dépendre d'une loi d'intervertir la légitimité des propriétés et des possessions.

» En toute justice, les objets appartiennent à ceux qui les ont achetés et payés de leur argent.

» Or, je vous le demande, tous les objets qui sont dans cette église et que vous allez inventorier, par qui ont-ils été achetés et payés ? N'est-ce pas par les fidèles de cette paroisse ?

» Et n'allez pas prétendre que l'Etat les fait cataloguer pour mieux en assurer la propriété et la jouissance. Il n'est personne ici d'assez simple et d'assez naïf pour le croire. Au reste, un député de Paris, M. Allard, a déclaré, tout dernièrement à la Chambre, sans recevoir aucune protestation gouvernementale, que « l'inventaire est ordonné en vue d'une confiscation prochaine ».

» O l'amère ironie d'appeler conservatoire l'acte même qui nous dépossède de notre inviolable droit !

» Si, au lieu de venir directement à l'église vous étiez allé à la maison communale pour inventorier les archives, les meubles de la mairie, le mobilier scolaire des salles de classe, vous auriez trouvé à la porte M. le Maire et tout le Conseil municipal pour protester. Et, en cela, ils auraient fait leur devoir, vu que tous ces objets appartiennent, non à l'Etat, mais à la commune de Saint-Maixent. De même aussi, tout ce qui est dans cette église ou dans la sacristie, appartient, non à l'Etat, mais à la communauté des fidèles qui s'appelle la paroisse.

» Je proteste donc de toute mon âme au nom du Conseil de Fabrique et au nom de la paroisse contre l'Inventaire que vous allez faire et qui est, comme l'a déclaré Mgr Denéchau, évêque de Tulle, dans sa protestation à la Cathédrale, quoi que vous fassiez pour l'adoucir par votre bienveillante courtoisie, « impie, outrageant, inique, hypocrite et malfaisant ».

» Je fais toutes les réserves nécessaires quant aux conséquences qu'il pourra avoir par rapport aux biens dont la gestion est depuis longtemps confiée au Conseil de Fabrique. En outre, je déclare ma propriété personnelle : le grand Christ et les statues de saint Pierre et de saint Antoine de Padoue que j'ai achetés à M. Martinie, de Brive. Ces objets, je les ai placés dans l'église pour l'orner, mais j'entends rester le propriétaire exclusif et faire valoir, le cas échéant, mes droits devant les tribunaux civils.

» Voilà, Monsieur, ce que j'avais à dire en cette conjoncture douloureuse ; et, après avoir requis l'insertion de la présente protestation dans le procès-verbal de l'Inventaire, je prie Dieu de me pardonner, si je n'ai su mieux faire pour maintenir les droits sacrés de l'Église, en lui demandant, dans son infinie miséricorde, de ne pas vous en faire subir un jour les conséquences, ni aux deux malheureux témoins qui vont coopérer à un acte que doit réprouver toute conscience catholique.

» Enfin, nous tous ici présents, nous déclarons que nous assisterons, désolés et muets, à cette triste besogne, mais que nous ne signerons rien ; nous sommes des spoliés et des spoliés récalcitrants ; mais il ne nous plaît pas d'être des complices.

» Je déclare ne pas accepter la surveillance des objets une fois inventoriés.

» Le 1er mars 1906. »

A peine les opérations de l'Inventaire ont-elles commencé à la sacristie qu'aussitôt la prière à haute voix s'organise dans l'église. A la récitation du chapelet succède le cantique : « Nous voulons Dieu », chanté par la foule.

M. Peyroux, sacristain, irrité de voir que son oncle, M. Peyroux, cantonnier à Favars, vient servir de témoin à l'Inventaire avec M. Pascal, cantonnier à Chameyrat, s'écrie : « Je suis confus que mon oncle vienne avec cet étranger coopérer à l'inventaire des objets de l'église qui sont exclusivement notre propriété... A bas les étrangers ! Vive la liberté ! Vive Dieu ! »

A l'instant même, toute la foule, hommes, femmes et enfants, se lève et se dirige vers le sanctuaire, répétant : « A bas les étrangers ! Vive la liberté ! Vive Dieu ! »

Au même instant, sans avoir reçu d'ordre de personne, et sans s'expliquer comment ils s'y trouvent, deux enfants de 12 ans, Ernest Peyroux et Joseph Tautou, sont en chaire, suggérant à la foule qui les répète avec énergie : Vive Dieu ! Vive la liberté ! A bas les étrangers ! A bas les voleurs !

Alors ma sœur Françoise qui avait dirigé jusque-là la prière et le chant, ferme à clef la porte de la sacristie et celles de l'église où elle se barricade avec environ 150 personnes, en vue d'éviter un sort trop fâcheux aux deux cantonniers, qui, en un clin d'œil, ont été saisis et chassés de l'église.

Pendant ce temps, l'agent du gouvernement, enfermé avec moi dans la sacristie, tremble de tous ses membres. Avec un visage pâle et défait, laissant son chapeau, sa canne et ses documents d'inventaire, il sort par la porte extérieure de la sacristie sur la place, cherchant les gendarmes qui l'ont accompagné.

A M. le Maire qui aurait préféré être ailleurs

et qui lui demande : « Quand reviendrez-vous terminer cet inventaire ? » Il répond : « Mais je ne reviendrai plus. »

La foule qui grossissait d'instant en instant, attirée par le tocsin qu'on sonnait depuis le début des opérations, salua par de très vifs applaudissements le départ de l'Agent gouvernemental et des gendarmes, répétant des milliers de fois : « Ne revenez pas ! Nous sommes chez nous ! Les objets de l'église sont à nous. A bas les étrangers ! Vive Dieu ! Vive la liberté ! »

Et sans autre forme de procès, les représentants de l'Etat, qu'accompagne jusqu'au haut du bourg une foule compacte, s'empressent de reprendre le chemin de Tulle.

Cette journée du 1er mars 1906 doit rester historique pour la paroisse de Saint-Maixent.

§ XIX. — Poursuite et plainte

Confus et humiliés, les deux témoins portèrent plainte contre Peyroux, l'accusant de les avoir injuriés et frappés. L'inculpé fut appelé à comparaître, le 7 mars, devant le Juge d'instruction du tribunal de Tulle. L'affaire fut jugée le 7 avril par le tribunal correctionnel qui condamna Peyroux à 50 fr. d'amende et aux frais.

Appel ayant été interjeté, la cour de Limoges réforma, le 17 mai, le jugement de Tulle et acquitta Peyroux.

#

Appelé comme témoin dans l'affaire Peyroux, quelqu'un que je m'abstiens de nommer et dont le nom est d'ailleurs encore dans toutes les mémoires, déclara que le principal coupable n'était pas le sacristain, mais le curé qui avait préparé de longue main et directement cette résistance à l'inventaire.

Il n'en fallut pas davantage à M. de Andréïs, tout jeune Procureur de la République qui était en mal d'avancement, pour me poursuivre sous l'inculpation d'avoir provoqué mes paroissiens à empêcher l'inventaire ; ce qui me rendait passible d'une amende 100 fr. à 500 fr. et d'un jour à cinq jours de prison, peines prévues par l'article 35 de la loi du 9 décembre 1905.

Ayant comparu, le 15 mars, dans le cabinet du Juge d'instruction, je déclarai et signai que « la déposition de X... était fausse du premier jusqu'au dernier mot. »

M. Noët, juge d'instruction, assez bienveillant, me dit de chercher des témoins, pouvant corroborer mon affirmation et infirmer les dires de X..., ce qui fut bien facile ; car, toutes les personnes présentes à la messe le 25 février, à laquelle j'avais annoncé la date de l'inventaire, pouvaient témoigner en faveur de la vérité.

Le Juge d'instruction se borna à en entendre six dont voici le nom : MM. Leyrie, sacristain ; Manière, Mougein, Augeol, Farge et Pouget.

Leurs témoignages reçus, le dossier fut envoyé, le 25 mars, à Limoges où le Procureur Général rendit le lendemain une ordonnance de non-lieu.

§ XX. — Dernière séance du conseil de Fabrique [1]

« Le Conseil de Fabrique, réuni au presbytère

---

(1) Registre des délibérations de la Fabrique.

le 9 décembre 1906 pour sa dernière séance, après avoir pris connaissance de l'état des recettes et des dépenses, approuve les comptes de gestion, présentés par M. Nanet Laval, auquel il adresse sa vive gratitude pour le dévouement et le zèle avec lesquels il a rempli pendant plus de trente ans ses fonctions de trésorier de la fabrique.

» Ensuite il proteste avec la plus grande énergie contre les principes et les conséquences de la Loi de Séparation du 9 décembre 1905 ; il ne cesse ses fonctions que par l'impossibilité où le met cette loi de les remplir encore.

» Il se refuse, de la manière la plus formelle, à donner aucune indication, aucun concours même indirect, pouvant faciliter les opérations qui amèneront la prise de possession par le séquestre des biens appartenant à la fabrique.

» Il proteste à l'avance contre la dévolution qui serait faite de ces biens à n'importe quelle association, vu que le Pape Pie X les a toutes condamnées.

» Il ne remettra les biens de la fabrique qu'à Sa Grandeur Mgr l'Evêque de Tulle, avec lequel il déclare se tenir dans la plus étroite communion, et, attestant encore une fois son inaltérable attachement à la Foi catholique, il invite tous les fidèles de la paroisse à suivre sans faiblesse les directions de notre bien-aimé et glorieux Pie X.

» Il déclare enfin vouloir continuer à M. l'abbé Borde et à ses successeurs le concours bienveillant de ses conseils et de ses services.

» Saint-Maixent, le 9 décembre 1906.

» P. L. Borde, curé ; G. Mouzat, président ; Nanet Laval, trésorier ; J. Laval et J. Terriac. »

MM. Druliolle et Maure n'avaient pas répondu à la convocation qui leur avait été adressée.

§ XXI. — Mon expulsion du Presbytère

M. Ernest Druliolle, ancien élève du petit séminaire de Servières et conseiller d'arrondissement grâce aux voix des catholiques, a été un des premiers maires de la Corrèze à appliquer la Loi inique de la Séparation.

Le 13 janvier 1907, il convoqua les membres du conseil municipal et leur proposa de voter la désaffectation du presbytère et du jardin, affectés depuis des siècles au curé de la paroisse.

Votèrent pour :

MM. Ernest Druliolle, maire, du Monteil ; Léonard Marthon, conseiller municipal, du bourg ; Léonard Rioux, conseiller municipal, du Pouget ; Jean Laval, conseiller municipal, du Châtaigner ; Jean Verdier, conseiller municipal, de Laborie ; Marcellin Borie, conseiller municipal, de Freyssinge.

Votèrent contre :

MM. Maury, conseiller municipal, du bourg ; Bouilhac, conseiller municipal, de Lagane.

Etaient absents : M. le docteur Maschat, M. Gaillerie et M. Vigue.

Le 27 du même mois, le presbytère et le jardin furent loués à Marthon, du bourg, pour la somme de 120 francs. Deux jours après, je recevais dans les termes suivants, notification de quitter le presbytère.

« Saint-Maixent, le 29 janvier 1907,

» Monsieur le Curé,

» J'ai l'honneur de vous informer que le presbytère et son jardin ont été donnés publiquement en location, dimanche dernier, et que le bail a été fait pour la durée d'un an. Je vous prie donc de vouloir bien vider les lieux dans la huitaine, de façon à ce que le locataire puisse prendre posession des immeubles le plus tôt possible. J'espère donc que vous ferez toute diligence à cette fin pour m'éviter des ennuis.

» Veuillez agréer, etc.

» Le maire,
» E. DRULIOLLE. »

A cette lettre je répondis :

« Monsieur le Maire,

» J'ai l'honneur de vous accuser réception de votre lettre du 29 janvier, par laquelle vous me notifiez de quitter le presbytère dans la huitaine.

» Vous ne l'ignorez pas, Monsieur le Maire, c'est là une mesure grave, sans précédent, et qui peut avoir des conséquences désagréables.

» N'ayant pas voulu agir de moi-même en cette conjoncture, j'ai été aujourd'hui consulter l'Evêché.

» Voici la conduite qui m'a été tracée :

1º Je ne dois sortir du presbytère que par la violence physique ou morale ; 2º Aussitôt cette violence subie, je dois quitter Saint-Maixent qui sera désormais sans curé, tant qu'il n'y aura pas un logement disponible.

» Tout exercice du Culte sera supprimé, même le dimanche et les fêtes, excepté les cérémonies d'enterrement que viendra présider M. l'abbé Magne, curé de Saint-Germain-les-Vergnes.

» Veuillez agréer, etc.

» Saint-Maixent, le 2 février 1907.

» P. L. BORDE, curé. »

Le 11 février, me parvint une autre missive dans laquelle il était dit :

» Monsieur le Curé,

» Si, d'ici au 15 courant, vous n'avez pas remis à la mairie les clefs de la maison curiale je me verrai dans l'obligation de vous y contraindre, non pas par la violence, mais par les voies de la Justice, en vous assignant en référé devant M. le Président du tribunal civil de Tulle.

» J'espère, M. le Curé, que vous voudrez bien m'éviter ce désagrément, en vous conformant à la mise en demeure.

» Veuillez agréer, etc.

» Le maire,
» E. DRULIOLLE. »

Ayant demandé à Mgr l'Evêque si je devais me laisser expulser *manu militari*, Sa Grandeur me répondit que ma protestation était suffisante et que je devais immédiatement quitter la paroisse et me retirer dans ma famille.

Connu auparavant, mon départ qui causait la plus vive émotion dans toute la paroisse, fut l'occasion d'une manifestation grandiose qui me toucha profondément et me dédommagea amplement de tous les ennuis jusque-là ressentis.

A l'issue d'un service, célébré le 17 février pour tous les morts de la paroisse, plus de 200 personnes vinrent me dire adieu ou plutôt au revoir. La plupart me serraient les mains, toutes avaient la tristesse peinte sur le visage et plusieurs sans prononcer aucune parole, s'éloignaient en pleurant.

Je dois à la vérité de dire que je fis un sacrifice bien douloureux en abandonnant mes ouailles que je savais être dans la confusion et la tristesse ; mais j'étais consolé par la pensée du *promitto* de mon ordination sacerdotale.

— 72 —

Je me retirai à Espleaud, commune de Sarran, auprès de ma vénérable mère, auprès de laquelle je restai 40 jours qui furent autant de jours heureux et pour elle et pour moi.

§ XXII. — **Mon Retour, 28 mars**

Une paroisse sans curé est un corps sans âme.

Cette vérité fut vite comprise par les fidèles de Saint-Maixent qui demandaient unanimement le retour de leur pasteur dont l'absence nuisait, non seulement au salut des âmes, mais encore au commerce local qui était entièrement anéanti.

M. Maury, conseiller municipal et M. Nanet Laval, trésorier de la fabrique, ayant pris l'initiative de faire une quête dans la paroisse en vue de l'indemnité de logement, recueillirent en quelques jours la somme de cent cinquante francs, nécessaire pour la location d'un autre presbytère, et que Monseigneur exigeait comme condition de mon retour.

Bientôt prévenu, j'avais le bonheur de revenir au milieu de mon troupeau, le 28 mars, pour l'Office du Vendredi-Saint.

Mon retour a causé une explosion de joie indicible dans toute la paroisse.

Voici la belle Lettre que Mgr l'Evêque de Tulle m'a donné mission de lire le jour de Pâques du haut de la chaire :

EVECHE de Tulle,

« Aux fidèles de la paroisse de Saint-Maixent.

» Mes très chers frères.

» C'est à mon grand regret, mais par mon ordre, que votre bon curé, devant des difficultés et des inconvénients graves, avait dû s'éloigner de vous.

— 73 —

Il m'apprend que vous avez, avec une généreuse bonne volonté, rempli les conditions voulues. C'est pourquoi avec mon assentissement, il est heureux de vous revenir pour se dévouer plus que jamais au salut de vos âmes. Puissiez-vous tous en profiter !

» C'est dans cette espérance que je vous félicite et vous bénis.

» † Henri DENÉCHAU,
évêque de Tulle.

» Tulle, le 28 mars 1907. »

Liste des personnes qui donnèrent pour le loyer du nouveau presbytère.

Sœur Lucie, institutrice, 5 fr. ; Mme la générale Duval, 30 fr. ; Mme de Montille, 20 fr. ; M. Henri Duval, 10 fr. ; Mme Soularue, 12 fr. ; M. Maury, 10 fr. ; Nanet Laval, 5 fr. ; Famille Peyroux, 5 fr. ; Bouysse, du Verdier, 5 fr. ; Bourg, du Verdier, 2 fr. ; Jeantou Bordes, du bourg, 1 fr. ; Famille Vaur, de Laval-Grillère, 5 fr. ; Simonot, de Boussageix, 2 fr. ; Laval, Nanet, du Châtaigner, 5 fr. ; Mouzat, du Verdier, 10 fr. ; Meneyrol, de Laval-Grillère, 1 fr. ; Roulet, de Villyéras, 1 fr. ; Saint-Yves, de la Reine, 5 fr. ; Bordes, des Serbes, 2 fr. ; Vialle, du bourg, 2 fr. ; Dubois, des Lonzières, 7 fr. ; Bouillac, de Lagane, 5 fr. ; Sarraudie, de Lachassagne, 3 fr. ; Famille Leyrie, 5 fr.

§ XXIII. — **Désaffectation du Presbytère** [1]

Le 24 février 1907, le conseil municipal, réuni sous la présidence de M. Druliolle, maire, après avoir

---

(1) **Archives de la mairie.**

délibéré, vote la création d'une école enfantine. Il s'engage à fournir pendant dix ans le local nécessaire et affecte à cet effet le bâtiment du presbytère avec cour et jardin et se charge aussi de donner dans les mêmes bâtiments un logement pour la maîtresse, chargée de diriger cette école.

Votèrent MM. Bouillac, de Lagane ; Verdier, de Laborie ; Borie, de Freyssinge ; Gaillerie, du Châtaigner ; Marthon, du bourg ; Rioux, du Pouget ; Vigne, de Collonge ; Druliolle, du Monteil.

Etaient absents : MM. Maschat, Maury et Laval.

§ XXIV. — Comité paroissial

Le Conseil de Fabrique, ayant été dissous par la loi du 9 décembre 1905, Mgr l'Evêque de Tulle ordonna par Lettre pastorale du 14 septembre 1907, de constituer un comité paroissial. Sur ma présentation, Sa Grandeur nomma pour en faire partie :

MM. Nanet Laval, du bourg ; Pierre Vaur, de Laval-Grillère ; Nanet Laval, du Châtaigner ; Martin Augeol, du Châtaigner ; Pierre Bouysse, du Verdier ; Jean Mathou, de Lacoste ; Antoine Sarraudie, de la Chassagne ; Barthélemi Bouillac, de Lagane ; Etienne Dubois, des Lonzières ; Léonard Leyrat, de Lagorse ; Jean Terriac, du Monteil.

Les sus-nommés, réunis le 27 octobre 1907 dans la maison de M. le Curé qui sert présentement de presbytère, remercièrent Mgr de l'honneur qu'il leur avait fait de les associer à l'administration temporelle de la paroisse.

Ils s'efforcent, selon le désir formellement exprimé par Sa Grandeur, d'être fidèles, autant que se faire peut, à l'accomplissement de leurs devoirs religieux.

§ XXV. — Cimetière

Le cimetière est le lieu du repos où les morts dorment leur dernier sommeil, attendant le Jugement dernier et la Résurrection générale.

L'usage d'enterrer les morts remonte à la plus haute antiquité. Mais il n'en faut pas conclure que tous les peuples aient eu des cimetières, dans le sens que nous attachons aujourd'hui à ce mot.

Les chrétiens ont été les premiers à avoir des sépultures communes. Unis par la charité pendant la vie, ils ont voulu l'être aussi après la mort.

Il est certain qu'avant le christianisme, les hommes n'enterraient pas leurs morts en commun.

Au début, les Romains enterraient chacun chez soi ; mais ce droit ne subsista que fort peu de temps. La Loi des Douze tables défendit bientôt en effet, non seulement d'enterrer, mais même de brûler aucun cadavre dans l'enceinte de Rome.

A partir de la promulgation de cette loi, les tombeaux des Romains furent indifféremment répandus, tantôt dans les campagnes, et plus particulièrement sur le bord des chemins, tantôt dans un jardin qui avait appartenu au défunt, tantôt dans un terrain, acheté à cet effet, soit par lui-même, soit par ses héritiers.

Les chrétiens au contraire établirent des cimetières, des sépultures communes, qu'ils placèrent le plus proche possible de l'église. Insensiblement, on accorda à quelques personnes, bienfaitrices sans doute de la religion, le privilège d'être inhumées dans l'intérieur même de l'église.

C'est ce qui s'est passé dans notre paroisse. Notre cimetière, à l'heure actuelle beaucoup trop petit, s'étendait sans nul doute autrefois tout autour de l'église. Plusieurs parmi les anciens se rappellent encore l'avoir vu rétrécir considérablement du côté du sanctuaire.

Il est non moins certain que jadis on enterrait dans l'intérieur de l'église. C'est ce qui a été bien établi en 1901. En refaisant le pavé, on a constaté que tout le sous-sol est rempli d'ossements humains.

C'est à ce moment-là que nous avons fait deux découvertes dignes d'être notées.

Au milieu du sanctuaire, en face du tabernacle, nous avons trouvé les restes d'un prêtre dont la tête aux cheveux roux était bien conservée. Je me suis borné à prendre une partie de la bordure en argent de la chasuble violette qu'on lui avait donnée après la mort.

Non loin de là, tout près de la porte de la sacristie, exactement où se trouve l'escalier de la chaire, a été faite une découverte beaucoup plus importante.

A un mètre au-dessous des fondements de l'église a été trouvé un monument funéraire dont voici la description.

Ce monument que d'aucuns depuis ont appelé four crématoire, avait une voûte véritable, soutenue par quatre murs très bien bâtis, avec de fort belles pierres de taille. Il avait la forme d'un tombeau et les dimensions suivantes : 1 m. 50 de large, 1 m. 50 de profondeur et 2 m. 50 de longueur.

Toutes les pierres de la voûte et des murs étaient noircies par la fumée, brûlées, calcinées et répandaient fortement l'odeur de brûlé comme les pierres d'une cheminée où le feu a été allumé pendant plusieurs années.

Au fond de ce monument funéraire, répandue sur

toute la surface, on voyait une couche épaisse de dix centimètres de charbons, parfaitement conservés et au-dessus de ces charbons quelques restes d'ossements qui n'avaient pas été complètement consumés par le feu.

A quelle fin ce monument funéraire et à quelle époque remonte-t-il ? Il est impossible de le dire avec certitude.

Parmi les diverses hypothèses qui ont été faites — l'explication de ce monument a été étudiée, discutée dans plusieurs journaux ou Bulletins scientifiques —, la suivante me paraît la plus probable.

Ce monument funéraire aurait été la sépulture de lépreux ou de pestiférés dont l'église aurait autorisé la combustion, ce qui a pu très bien se produire durant l'épidémie de la grande peste du XVe siècle qui détruisit une partie de la ville de Tulle et des environs.

#

Depuis cinquante ans, il a été plusieurs fois question de changer le cimetière et de le transporter ailleurs.

En 1910, le Conseil municipal a voté son transfert, d'abord au-delà de la croix de la chapelle, ensuite sur la route de Chanteix, au-delà de chez Manière, enfin dans le pré en face de chez Peyroux.

Mais la famille Duval qui donne gratuitement le terrain ne le concède qu'au Peychou, sur la route de Tulle. C'est là probablement qu'un jour sera transféré le cimetière actuel.

Si l'on faisait un referendum dans la paroisse, la plupart des fidèles seraient d'avis de le laisser où il est, en l'agrandissant du côté Est, à cause de l'avantage et de la facilité qu'ils auraient d'aller prier sur la tombe de leurs morts chaque fois qu'ils viennent à l'église.

§ XXVI. — Saint-Maixent sous le rapport religieux.

Avant N.-S. Jésus-Christ

Tous les hommes reçurent d'abord la connaissance du vrai Dieu et n'adorèrent que lui seul. Mais l'ignorance et les passions ne tardèrent pas à les jeter dans les erreurs les plus grossières, telles que l'adoration des arbres, des animaux, des pierres, des métaux.

Avant la venue de Notre-Seigneur sur la terre, les habitants de Saint-Maixent, comme la plupart des Gaulois de cette époque adoraient le vent, les tempêtes, les forêts, et rendaient un culte particulier au Soleil, parce qu'ils le regardaient comme le principe visible de toute fécondité terrestre.

Ils croyaient à l'immortalité de l'âme, ainsi qu'aux récompenses et aux peines de l'autre vie.

#

Etablissement de la Religion chrétienne

Saint Martial vint le premier apporter la lumière de l'Evangile dans notre pays.

D'après une tradition locale cet apôtre était le petit enfant qui portait les cinq pains et les deux poissons que Notre-Seigneur multiplia un jour dans le désert et avec lesquels il rassasia plus de cinq mille personnes accourues pour l'entendre.

Après l'Ascension du Sauveur au Ciel, saint Martial' fut envoyé par saint Pierre dans notre pays qui s'appelait alors la Gaule.

Toujours d'après la même tradition, l'envoyé de Dieu s'arrêta d'abord à Tulle où il guérit miraculeusement la fille du gouverneur Nerva, parent de l'empereur Néron, qui se convertit à la foi chrétienne avec toute sa famille.

Ensuite Martial se rendit à Limoges où il établit son siège comme évêque et où il mourut, l'an 75 de l'ère chrétienne. Son corps est pieusement conservé et vénéré dans l'église de Saint-Michel.

En supposant que lui ou ses successeurs aient mis cinquante ans, cent ans, pour convertir à l'Evangile le Limousin, il faut conclure que la religion chrétienne existe parmi nous depuis au moins 1800 ans.

Depuis dix-huit siècles donc nos ancêtres professent la religion catholique, de laquelle rien n'a jamais pu les détacher, ni l'hérésie des Ariens ou des Albigeois, ni les menaces des Protestants, ni les violences de la Terreur de 1793.

#

Causes de l'affaiblissement de la Foi

A l'heure actuelle cependant, l'antique foi de nos aïeux semble subir un arrêt et céder la place à l'indifférence religieuse, laquelle entraîne sans nul doute le relâchement des mœurs.

Le niveau moral suit toujours le niveau religieux et le thermomètre de l'un est toujours au même degré que le thermomètre de l'autre.

La première cause de cet affaiblissement moral et religieux est sans contredit l'instruction areligieuse, neutre, quand elle n'est pas antichrétienne, qui est donnée dans les écoles publiques, d'où est exclu systématiquement tout enseignement religieux, base indispensable de l'ordre moral.

De cette première cause découle naturellement l'indifférence au point de vue religieux ou plutôt le mépris des lois de Dieu et de l'Eglise. De là, la violation des devoirs du dimanche, la désertion des offices religieux, l'abandon des sacrements.

Or, qui ne va pas habituellement à la messe n'entend plus la parole de Dieu, et qui n'entend plus la parole de Dieu, vit dans l'ignorance religieuse, et par suite, dans l'indifférence, quand ce n'est pas dans le vice et la débauche.

Mais, si l'église est désertée, les cabarets ne le sont pas, au grand détriment de beaucoup de familles, pas plus que les bals et autres divertissements dangereux qui deviennent pour la jeunesse une cause de ruine pour le cœur, pour l'esprit et souvent même pour le corps lui-même.

Enfin, à ces premières causes s'en ajoute une autre qui, grâce à Dieu, n'a pas encore de profondes racines dans le peuple, mais peut avoir, dans un avenir prochain, les suites les plus fâcheuses pour les foyers chrétiens, parce qu'elle est une violation grave de la loi de Dieu ; je veux parler de la limitation volontaire, sous des prétextes fallacieux, du nombre des enfants. Je ne puis guère insister ici. Que ceux qui peuvent comprendre comprennent.

#

Avenir paroissial

Sans doute la persécution générale qui sévit en France depuis plusieurs années a eu fatalement une répercussion réelle sur notre paroisse sous le rapport religieux. Cependant, la foi n'est pas morte dans les âmes ; elle sommeille.

Tout porte à croire à un réveil prochain ou plutôt ce réveil a déjà commencé, grâce à l'œuvre importante des catéchismes volontaires, établie depuis deux ans dans le diocèse par notre vaillant Evêque de Tulle, et qui produit déjà dans cette paroisse les plus heureux effets, grâce aussi au décret du souverain Pontife Pie X, qui recommande la communion fréquente où doit se ranimer la foi des fidèles, et plus particulièrement celle des enfants qui peuvent et doivent être admis au banquet eucharistique quand ils sont suffisamment disposés.

Mais ce qui affermit surtout notre confiance et notre espérance, c'est que la très Sainte Vierge est la protectrice de cette paroisse ; et, comme elle a toujours écrasé de son pied virginal la tête du serpent infernal, elle ne permettra jamais, nous en avons l'assurance, à l'esprit d'impiété, de mensonge et de ténèbres, de s'établir et de régner sur la portion du champ qui lui est plus spécialement consacrée.

« O notre Mère du Ciel, Notre-Dame de Saint-Maixent, daignez jeter sur vos enfants des regards de miséricorde ; daignez nous prendre sous votre puissante protection ; écartez de nos pas les dangers de l'exil ; montrez-nous la route qui doit nous conduire à la véritable patrie et placez-nous tous un jour autour de votre trône céleste afin qu'avec vous nous puissions bénir et glorifier la très Sainte Trinité pendant les siècles des siècles »...

II

HISTOIRE CIVILE

Grande a été notre déception de ne découvrir aux archives départementales aucun document, concernant l'histoire de Saint-Maixent. C'est aux archives de la Mairie ou auprès des personnes âgées que nous avons puisé les quelques faits ou souvenirs que nous allons reproduire.

Voici toutefois quelques documents que nous avons pu recueillir :

§ I. — **Quelques documents**

Don du village de Lacoste au chapitre de Tulle par Gérard de Roffignac.

« Sciant omnes quod Geraldus Rotgerii dedit terram de Costâ... unam partem in die conversionis suæ, cum aliâ vero parte fuit despousata Stephana soror ejusdem Gerardi et Arcamboldi fratris. Hoc fecit cum consilio filiorum suorum Ugonis de Clusal et Geraldi de Cozen ; et ipsi dederunt etiam pro anima matris suæ Winieldis quatuor sextaria (sétiers) tritici.

» Philippo rege, Widone épiscopo et Frudino ab-
» bote, date : 1060. »

(Cartullaire de Saint-Martin de Tulle).

Autre don au même Chapitre.

» Item ung instrument de recognaissance faicte par M. Guy de Favars au procureur du dit chapitre, de 20 sols de rante à cause du village de Vertaugy, (aujourd'hui disparu) en la paroisse de Saint-Maixent, reçu et signé par Joubert de Bounaigue, notaire, en l'an 1377. »
(Cartullaire de Tulle).

#

Autres redevances audit chapitre

« Item ung instrument d'investition faicte par le prévôt de la dicte église du village du Pouget, paroisse de Saint-Maixent ; reçue par M. Jehars Verdier notaire. »

« Item, ung instrument d'acquisition, ensemble la recognaissance de 5 sols bournos deuz au dict chapitre, situés sur ung bois nommé de Leymonie ; reccue par M. Anthoine Chassagnard, notaire à Tulle, 28 septembre 1466. »
(Cartullaire de Saint-Martin de Tulle).

« Cens et rentes sur un tènement du Corail (le Coural) appartenant au chapitre de Tulle, vendu 1628 francs à la Révolution à Chaumeil, Salesse, Mouzac, Villyère, Servières, Sauliès, Verlhac, Peyrat. »
(Archives départementales).

#

Redevances aux Chartreux de Glandier

« Rentes sur le tènement du Monteil, appartenant aux Chartreux de Glandier, Vendu 1305 francs à la

Révolution à Brugeau, Vacher, Verdier, Bossoutrot, Laval, Peyrat, Leymarie.

» Un étang ou son emplacement appartenant aux Chartreux de Glandier. Vendu 802 francs aux sieurs Murat, Drulioles, Laval, Verdier.

» Item cens et rentes sur le tènement du bourg, appartenant aux Chartreux de Glandier. Vendus à la Révolution à Duval et Brugeau. »

(Bulletin de la Société des lettres et sciences de la Corrèze).

#

Trois villages donnés à Favars en 897.

L'Evêque de Limoges, Anselme, donna 3 mauses, pris dans la paroisse de Saint-Maixent, pour subvenir aux besoins du curé de Favars.

« Ex parochia sancti Maxentii Mansos Favari condonavimus, (c'est-à-dire le Mas, Druliolle et Laforge). Actum hoc Lemovicæ civitate, in synodo plena 11 nonas novembris, anno Incarnationis dominicæ DCCCXCVII. Regnante Odone, rege anno X, ordinationis quoque domini Anselmi pontificis anno XXVIII.

» † Anselmus, episcopus. »

(Cartullaire de Beaulieu).

#

Redevances au château de Favars

En 1787, les membres de la famille Mérigonde et Dubois de Saint-Hilaire, firent l'aveu et dénombrement de leurs fiefs.

« C'est l'aveu et dénombrement du fief, terre et seignerie de Favars que mettent et baillent par devant vous nos seigneurs les présidents et trésoriers de France, généraux des finances, chevaliers du Roi et ses directeurs du domaine et grand voyer en la généralité de Limoges, messire Jean-Baptiste Mérigonde, chevalier seigneur barron de Favars, de Saint-Maixent et Saint-Germain-les-Vergnes, demeurant ordinairement en la ville de Neuvic, et dame Françoise de Mérigonde de Favars, épouse de messire Dominique Dubois, chevalier seigneur de Villeneuve et Laborde, ancien mousquetaire du Roi, demeurant en la ville de Brive, la dite dame fille et donataire par un contrat de mariage, dudit seigneur de Saint-Maixent. son père, de la seigneurie de Favars (à la réserve de l'enfant au dit seigneur) propriétaire de ladite terre et seigneurie de Favars, Saint-Maixent et Saint-Germain-les-Vergnes, sénéchaussée de Tulle, élection dudit Tulle et Brive, relevant du Roi à cause de la commune de Favars, lesquels en exécution de l'hommage par eux rendu entre les mains du bureau des finances à Sa Majesté le Roi Louis XV régnant, daté du 27 février 1767, signé Bardy greffier, ont déclaré et déclarent tenir et posséder à titre successif la dite terre et seigneurie de Favars, relevant immédiatement du Roi, notre sire, consistant et composée des paroisses de Favars, Saint-Maixent et Saint-Germain-les-Vergnes, chasse, pêche, déshérances, bâtardises, amendes, lots et vente à raison de cinq sols par écu, droit de banalité, solidarité des cens et rentes dus sur tous les villages et tènements qui composent la dite terre et seigneurie de Favars, plusieurs fiefs et rentes relevant du Roi.

Foy et hommage de la dite seigneurie avec droits de retrait féodal. »

#

Articles concernant Saint-Maixent

Article 1er. — Au tènement de Mas-del-Péris, situé au bourg de Saint-Maixent, dû argent 20 sols, 3 gélines, 2 journaux, 10 sétiers de seigle, 5 sétiers d'avoine, le tout portable au château de Favars.

Article II. — Au tènement del Champ, même paroisse, dû 27 sols, 1 géline, 5 sétiers seigle, 2 ras d'avoine, le tout portable au château de Favars.

Article III. — Au tènement du Tournier, dans le bourg de Saint-Maixent, reçu argent 43 sols, 5 deniers, 2 gélines, 2 journaux l'un à faucher, l'autre à faire du bois, froment 1 sétier, 16 sétiers de seigle, 13 ras d'avoine, portable au château de Favars.

Article IV. — Au tènement de la Gorsse, situé au bourg de Saint-Maixent, dû argent 40 sols, 6 deniers, 1 journal, 4 sétiers de blé, 8 ras d'avoine, le tout portable au château de Favars.

Article V. — Au tènement des Monteil, dû 2 sétiers seigle, 2 sétiers d'avoine, portable à Favars.

Article VI. — Au village et tènement de Laval-Grillère, dû argent 23 sols, 1 géline, 11 sétiers seigle, 5 sétiers demi d'avoine, portable au château de Favars.

Article VII. — Au village et tènement de Laval-Février, dû argent, 20 sols, 3 gélines, 15 sétiers seigle, 5 sétiers demi d'avoine, portable au château de Favars.

Article VIII. — Au tènement de la Sarraudie du Châtaigner, dû 4 sols, 4 journaux, 2 gélines, 29 œufs, 1 sétier froment, 20 sétiers seigle, 4 sétiers avoine, 2 sétiers châtaignes, portable à Favars.

Article IX. — Au village et tènement des Brochs, dû 22 sols d'argent, une vinade pour aller chercher le vin du Seigneur, 26 sétiers seigle, 14 sétiers avoine,

2 ras et une quarte de châtaignes, le tout portable à Favars.

Article X. — Au tènement de la Martinie, dû 18 sols d'argent, 2 gélines, 40 œufs, 3 ras de châtaignes. 10 sétiers de blé, un ras d'avoine, le tout portable à Favars

Article XI. — Au tènement del Barry, dix sols d'argent, 1 sétier de seigle, 1 sétier d'avoine, le tout portable à Favars.

Article XII. — Au village et tènement de Freyssinge, argent 22 sols, 6 deniers, 4 gélines, 3 sétiers froment 15 sétiers blé, 10 ras d'avoine, portable à Favars.

Article XIII. — Au village et tènement de Laborie, dû argent 46 sols, 8 deniers, 5 gélines, 1 sétier de froment, 21 sétiers un quart de seigle, 17 ras d'avoine, 12 cyminaux de châtaignes, portable à Favars.

Article XIV. — Au village et tènement de la Chasgne, dû 55 sols d'argent, 2 gélines, 2 sétiers 1 ras d'avoine, le tout portable à Favars.

Article XV. — Maison curiale, située au bourg, argent 5 sols que le curé retient pour le service qu'il célèbre chaque année pour les prédécesseurs des Seigneurs de Favars.

« Fait et passé en la ville de Tulle Bas-Limousin, le 14 mars 1767 ; la minute est restée entre les mains de Brugeau, notaire royal, soussigné sur la minute. Signé Mérigonde de Saint-Maixent, Mérigonde de Saint-Hilaire, de notre confrère et de nous notaire royal soussigné.

» Contrôlé à Tulle, le 28 mars 1767. »

(Extrait du Bulletin de la Société des lettres et sciences, art. de la Corrèze 1884). (Communication de M. l'abbé Echamel.)

§ II. — Division du territoire de la commune.

Saint-Maixent a 1857 hectares de superficie. Elle est bornée : au Nord, par Saint-Clément ; à l'Ouest, par Chanteix ; au Sud, par Saint-Germain-les-Vergnes ; au Sud-Est, par Favars et Chameyrat et à l'Est, par Naves.

Tout le monde sait que le cadastre est le plan des propriétés territoriales d'une commune, présentant leur situation, leur étendue, leurs divers genres de culture et leur valeur approximative pour asseoir l'impôt foncier.

En 1450 le roi Charles VII avait conçu l'idée d'un cadastre général. Colbert, ministre de Louis XIV, tenta vainement de l'exécuter. Les assemblées électorales demandèrent le cadastre en 1789. L'Assemblée constituante le décréta.

Napoléon Ier commença cette grande opération, mais sur un plan nouveau. En 1808, on revint au plan de la Constituante, vérifié par Delambre et déterminant la contenance des biens fonds de chaque commune, dans le but d'asseoir équitablement la répartition de l'impôt territorial.

En 1824, seulement, on procéda à la confection du cadastre de notre commune.

Voici le procès-verbal qui en fait foi.

« L'an 1824 et le 22e jour du mois de mai, nous, géomètre en chef du cadastre, soussigné, vu le procès-verbal de la délimitation du territoire de la commune de Saint-Maixent, par nous rédigé le dix-septième du dit mois, et clos le vingtième jour du mois de mai, nous nous sommes transporté en l'Hôtel de la Mairie de la dite commune, où, après avoir examiné, en présence du maire, les observations qui nous ont été présentées, nous avons invité ce fonctionnaire à nous accompagner sur le terrain, à l'effet d'aviser ensemble aux moyens de déterminer d'une manière convenable la division du territoire de la commune en sections.

Le maire, ayant déféré à notre invitation, nous avons parcouru le territoire de la commune ; nous l'avons examiné avec attention et, après avoir pris sur les lieux tous les renseignements nécessaires à notre opération nous nous sommes retirés à la mairie, où, de concert avec le maire, nous avons arrêté la division suivante :

Il y aura quatre sections :

La première section nommée section du bourg et désignée par la lettre A.

La seconde, connue sous le nom du « Châtaigner » et désignée par la lettre B.

La troisième sera appelée section du « Verdier » et désignée par la lettre C.

Et la quatrième aura le nom de section de « Laboric » et désignée par la lettre D.

Fait à Saint-Maixent, le 22 mai 1824.

Le maire, BRUGEAU.

Le géomètre en chef du cadastre, d'ARCAMBAL.

§ III. — Quelques Faits

Incendie du Presbytère

Le 17 janvier 1844, vers les 4 heures du soir, un terrible incendie détruisit le presbytère. Seule la cave dont la voûte est en pierres resta debout. Les causes de cet incendie sont demeurées inconnues.

Le 31 du mois de mars suivant, le conseil municipal vota la somme de cent trente francs pour indemnité de logement au desservant. M. Antoine Vaille, qui était alors curé, se retira dans la maison Mouzat, où il habita jusqu'à 1848, époque où eut lieu l'achèvement de la construction du nouveau presbytère, affecté à une école enfantine depuis 1907.

Conseillers municipaux élus en 1848

MM. Duval, maire, 145 suffrages ; Terrieux, adjoint, 141 ; Guillaumie, 132 ; Druliolles, 124 ; Simonot, 123 ; Gounet, 121 ; Vacher, 119 ; Mouzat, 118 ; Chaumeil, 115 ; Farges, 110 ; Laval, 97 ; Solheillavoup, 92.

Adresse à Louis Napoléon

« L'an 1852 et le 4 janvier, le conseil municipal de Saint-Maixent plein d'admiration pour l'énergique détermination prise par le prince Louis Napoléon Bonaparte, croit remplir un devoir de reconnaissance, en exprimant par une délibération spéciale sa pleine et entière adhésion pour la grande mesure du deux décembre.

» Copie de cette délibération sera transmise à M. le Préfet avec prière de la faire mettre sous les yeux de Monsieur le Président de la République. »

Cette adresse était signée par Duval, maire ; Terrieux, adjoint ; Chaumeil, Druliolle, Vacher.

Serment de fidélité à l'empereur

Le trente septembre 1860, tous les membres du conseil municipal viennent à tour de rôle devant le Christ, et, la main droite levée, ils prononcent à haute voix la formule suivante :

« Je jure obéissance et fidélité à l'Empereur ».

Druliolle, maire, Brugeaux, adjoint ; Vacher. Maschat, Laval, Leyrat.

Participation patriotique

Le département de la Corrèze devant fournir la somme de 500.000 francs pour la défense nationale en 1871, la commune de Saint-Maixent s'imposa pour 3.673 fr. 35. dont l'amortissement se termina en 1879.

Mairie

« L'an 1880 et le 5 septembre, les membres du conseil municipal, ayant obtenu de M. le Ministre de l'instruction publique une subvention de 18.000 francs, pour aider à construire à Saint-Maixent une mairie et une maison d'école double, et le conseil général ayant donné 100 francs pour le même objet, décident que la somme de 1158 fr. sera prise sur les fonds disponibles et que la somme de 7.000 francs sera empruntée à la caisse des écoles avec intérêt à 5 p. 100 pendant 31 ans. Paiement annuel : 350 francs ».

La mairie et la maison d'école double furent livrées au mois d'octobre 1882 à leur destination respective.

Jusqu'à cette date les séances du conseil municipal s'étaient tenues successivement dans la maison Brugeaux ou dans le château des Duval.

Refus de célébrer le 14 juillet

« Le 5 mai 1883, après avoir entendu lecture de la circulaire de M. le Préfet, invitant les communes à célébrer solennellement la fête du 14 juillet, le conseil municipal de Saint-Maixent exprime le regret de ne pouvoir faire les dépenses que nécesterait la célébration de cette fête. »

Et signèrent : Henri Duval, Ernest Druliolle, Dubois, Lagier.

Chute de la foudre

Au mois de juin 1899, la foudre tomba sur l'école des filles au moment de la classe. Toutes les élèves furent projetées à terre. Toutefois, seule, Mlle Akermane, auxiliaire remplaçant sœur Lucie qui était malade, et depuis devenue institutrice titulaire à St-Maixent, fut asphyxiée par le fluide délétère. En un instant ses cheveux et ses vêtements furent en feu. Sans le prompt secours que lui apporta aussitôt M. Eyrolle, instituteur, elle était vouée à une mort inévitable.

§ IV. — **Population**

Depuis deux siècles, la population de Saint-Maixent est restée presque stationnaire Elle a toujours évolué autour du chiffre mille, sans jamais atteindre onze cents. Le recensement de 1901 a donné 1092 habitants, celui de 1911 a accusé une diminution assez sensible. En voici la répartition par villages :

	Maisons	Familles	Individus
Le Bourg (1)	28	33	144
Les Serbes	1	1	9
La Font de l'Hoste	1	1	5
Coustaret	1	1	5
Collonge	2	2	12
Agglomération du chef-lieu	33	38	174

---

(1) Dans le bourg, entre la maison Peyroux, outre le château de Mme la générale Duval et celui de M. le commandant Marchal, à si-

Villages

	Maisons	Familles	Individus
Les Alleux	2	2	6
Babarot	6	5	16
Bois-l'Abeille	2	2	7
Bois-Grands	1	1	4
Bois-Michou	1	1	5
Bois-Barial	2	2	7
Les Bois-Noirs	2	2	9
Bouchelade	2	2	15
Boussageix	4	3	9
Les Broches	5	5	34
Chapou	1	2	7
La Chassagne (1)	2	2	15
Le Châtaigner	7	6	42
Le Closou	1	1	3
Cordil	2	2	9
La Croix de Saint-Jean	1	1	2
Cueille	1	1	7
Drulle	1	1	8
Eau-Grande	2	2	7
L'Evêché	1	1	4
Fageol	1	1	4
Freyssinge	4	4	29
Le Garel	1	1	5
L'Hôtel-des-Bois	1	1	7
Labesse	4	4	16
Laborie	5	5	32
Lacoste (2)	6	6	40
Lagane	1	1	7

gnaler l'ancienne maison Brugeau, aujourd'hui presbytère, dont un linteau en pierre porte gravés : un calice, une fleur de lys, une croix grecque, une croix latine, un bonhomme jouant de la trompette, des chiffres romains et plusieurs initiales auxquelles jusqu'ici on n'est pas arrivé à donner un sens complet.

(1) Qui est un mas de son diminutif, la Chassagnette, dont Gérald de Roffignac fit après sa conversion, en 1060, un don à l'abbaye de Tulle.

(2) Autrefois seigneurie, appartenant aux de Nicolas et ensuite aux de Laval.

— 95 —

Lagorse	7	7	40
Lajarrige	3	3	18
Lapeyre	3	3	25
Laval-Grillère	7	7	30
Laval-Verdier (1)	3	3	17
Lecoural (2)	1	1	8
Les Lonzières	1	2	8
Le Monteil	7	7	46
Le Moulin du Monteil	1	1	8
Mouly	2	2	8
Les Pages	1	1	6
Le Pigeon	1	»	»
Les Plantades	1	2	6
La Pépinière	1	1	6
Pompéri	1	1	6
Les Pouges	11	11	44
Le Pouget	4	4	34
Puy-Bouyssou	3	3	9
Puy-du Gril	1	1	9
Puy-Grand	1	»	»
Puy-Lacoste	1	1	5
Puy-Montord	1	1	6
La Reine	2	2	8
La Rode	6	6	29
Les Renardières	1	1	4
Les Rivières	1	1	9
Le Verdiers (3)	7	7	42
Viellechèze (4)	4	4	27
Villyeras (5). — (6)	16	17	82
Total....	207	205	1067

Population agglomérée du chef-lieu, 174. — Population éparse, 893. — Nés antérieurement à 1850, 104. De 1851 à 1870, 187. De 1871 à 1890, 292. De 1891 à 1911, 484.

---

(1) Qui a appartenu dans le temps passé aux de Lafargeadie, aux d'Arluc, aux de Lotonie, est à présent à M. Fayet.

(2) Appartenant au chapitre de Tulle, fut vendu à la Révolution 1.628 fr. à Chaumeil et Solesse.

(3) Ancien fief ou bien de l'abbaye de Tulle, datant du xie siècle et sur lesquels l'Evêque, Louis de Genouillac, en 1569, vendit pour

§ V. — Maires

Malgré de minutieuses recherches faites soit à la mairie, soit aux archives départementales, il nous a été impossible de découvrir le nom des maires de notre localité antérieurement à l'an 1800.

Ont été maires de notre commune :

En 1800, Léonard Geneste ; en 1808, N. Brugeaux, du bourg ; en 1827, N. Sarget, (1) de Viellechèze ; en 1831, N. Antignac, dit le Mouton, du Châtaigner ; en 1835, François Duval, du bourg ; en 1857, Victor Druliolle, du Monteil ; en 1874, Henri Duval, du bourg ; en 1884, Ernest Druliolle, du Monteil.

§ VI. — Instituteurs

Détruites par la Révolution, les écoles primaires, surtout dans les campagnes, ne se relevèrent que vers 1850.

Ce furent les curés qui devinrent les instituteurs de Saint-Maixent, dans la première partie du XIXe siècle. Parmi les anciens de la paroisse, plusieurs se rappellent encore avoir vu M. Jougounoux, M.

---

417 livres de rente à Bernard Fageardie, marchand, dont la famille se qualifia plus tard de ce village.

(4) C'est-à-dire vieille maison, *vetus casa*.

(5) Il y a quelques cinquante ans, l'Hospice de Tulle possédait dans ce village une propriété qui est aujourd'hui à M. Terriac et qui porte encore la dénomination de « Domaine de l'Hospice ».

(6) Le Cartullaire de Saint-Martin de Tulle fait mention, en 1377, d'un autre village de Saint-Maixent, du nom de Vertaugy, qui a disparu.

(1) Né en 1781, il fit sa première communion au plus fort de la Terreur, en 1793, dans un grenier ; il reçut la confirmation des mains de Mgr Berteaud, en 1874, et mourut à l'âge de 99 ans.

Juillet de Labesse, etc., se faire instituteurs volontaires et réunir plusieurs fois par semaine, dans le presbytère, les enfants, les jeunes gens, même les hommes qui désiraient s'instruire.

Le premier instituteur attitré fut M. Druliolle, né au Monteil, en 1830, et décédé au mois d'octobre 1908 ; il adressa une lettre à M. François Duval, maire, pour obtenir l'autorisation d'ouvrir une école à Saint-Maixent. Le 8 du mois d'avril suivant, le conseil municipal approuva à l'unanimité la proposition et pria M. le Préfet d'accepter ce jeune homme pour créer une école publique. La délibération fut signée par MM. François Duval, maire, Terrieux, Vacher et Druliolle.

Gratifié d'un traitement de 1.200 francs et de la somme de 120 francs pour indemnité de logement, M. Druliolle fit d'abord la classe au Monteil. Mais bientôt il transporta l'école au bourg, dans la maison Mouzat, aujourd'hui Leyrie, qui avait déjà servi de logement au curé, après l'incendie du presbytère dont il a été parlé plus haut.

Ayant été nommé maire de Saint-Maixent par décision préfectorale, M. Druliolle renonça aux fonctions d'instituteur le 25 décembre 1857. Après lui, furent instituteurs :

En 1857, M. Fournial ; en 1865, M. Certain ; en 1866, M. Chammard ; en 1869, M. Durand ; en 1875, M. Guillemy ; en 1884, M. Escure ; en 1891, M. Joseph Eyrolle (1) ; en 1906, M. Bouyssé.

---

(1) Aujourd'hui retiré à Laguenne et dont on peut dire que « celui qui l'a pour ami a trouvé un trésor ».

§ VII. — Institutrices

Le 12 mars 1874, M. Henri Duval, aussitôt installé comme maire, donna lecture d'une lettre de M. le Préfet, invitant le conseil municipal à faire connaître à quelle catégorie d'institutrices, laïque ou congréganiste, il désirait confier la direction de l'école des filles qui allait être établie à Saint-Maixent, conformément aux prescriptions de la loi du 10 avril 1867.

Après avoir délibéré, l'assemblée à *l'unanimité*, pria M. le Préfet de vouloir bien confier cette direction à une institutrice congréganiste, et, si c'était possible, à une religieuse de la Congrégation de Portieux.

Avaient signé : MM. Henri Duval, Leyrat, Vacher, Monzat et Maschat.

Toutefois, ce vœu ne fut pas réalisé, puisque ce fut une institutrice laïque, Mme Couleau, qui devint première institutrice.

Dès le début, l'école des filles fut installée au premier étage de la maison Brugeau, servant aujourd'hui de presbytère, et y demeura jusqu'en 1882, époque où elle fut transférée dans la maison communale actuelle.

Après Mme Couleau, nous trouvons comme institutrices : En 1878, Mlle Durieux de Pradel ; en 1884, Mlle Corne ; en 1890, Sœur Lucie (1) ; en 1910, Mlle Akermane.

Le presbytère désaffecté est devenu une école en-

---

(1) Dans le monde, Mlle Lucie Brajou, née à Bassignac-le-Haut, où elle s'est retirée depuis le 1er mai 1910. En annonçant sa nomination au poste de Saint-Maixent, M. l'inspecteur écrivait à M. le maire : « Veuillez lui faire bon accueil ; c'est une des meilleures institutrices du département. »

fantine dont la direction a été donnée à Mme Legris, le 1er octobre 1907. Enfin, l'école mixte, créée au Verdier en 1909, dans la maison Bouysse, est dirigée par Mme Vaur.

§ VIII. — **Facteurs**

Le 12 mai 1884, le conseil municipal pria M. le Préfet d'intervenir auprès de l'administration des Postes, pour que les correspondances fussent distribuées plus fréquemment et demanda que le facteur rural fît un service quotidien, au lieu de ne le faire que tous les deux ou trois jours.

Dès cette époque, un service journalier fut établi entre Tulle et notre localité. Mais, comme les lettres et surtout les journaux étaient plus rares que maintenant, un seul facteur desservait les communes de Saint-Maixent et de Saint-Germain-les-Vergnes.

Cet état de choses a duré assez longtemps, puisque, en 1900, M. Berchat, aujourd'hui en retraite à Saint-Germain, faisait encore le service de ces deux communes.

En 1901, un facteur fut nommé pour faire le service exclusif de Saint-Maixent ; mais les correspondances étant devenues encore plus nombreuses, on a mis deux levées par jour, l'une le matin à dix heures et l'autre le soir vers 4 heures, ainsi que deux facteurs dont l'un réside à Tulle et l'autre dans notre bourg.

Voici le nom de quelques facteurs : En 1845, Merpillat ; en 1860, Perraud (1) ; en 1875, Nouaille ; en 1882, Berchat ; en 1901, Marteau ; en 1905, Guillau-

---

(1) Décoré, il avait été un des premiers à monter à la tour de Malakoff, le 8 septembre 1855.

mie ; en 1906, Simonie ; en 1908, Constant ; en 1910, Château.

§ IX. — **Bureau de Tabac**

En 1850, M. Duval, maire, obtint la création d'un bureau de tabac, qui fut confié à la femme Marie David, laquelle vit encore et dont le moindre souci est de le céder à un autre. Si tous les fonctionnaires de l'Etat occupaient si longtemps leurs postes, les compétiteurs se morfondraient d'attendre et on pourrait dire d'eux : *Expectabunt onagri in siti sua*...

§ X. — **Foires**

Saint-Maixent avait des foires longtemps avant les communes environnantes. Dès le commencement du siècle dernier, elles eurent une certaine importance, surtout celle du 19 novembre, pour la vente des marrons, et celle du 27 janvier pour la vente des porcs gras.

Au mois de mai 1815, Lagraulière ayant demandé au maire de notre commune de vouloir bien changer la foire du 19 novembre, le conseil municipal refusa à l'unanimité ce changement, parce que cette foire était l'une des plus importantes à cause du grand commerce des marrons.

Maintenant, de ces foires il ne reste que... le souvenir.

Chose difficile à expliquer ! Alors que toutes les communes, même les plus petites, tiennent à avoir des foires, Saint-Maixent n'en conserve présentement que... quatre, le 6 janvier, le 16 mai, le 14 septembre et le 15 novembre... et encore sur le calendrier seulement. Pourquoi ?

M. le maire. Ernest Druliolle, pourrait peut-être donner la réponse.

§ XI. — **Administration et métiers en 1912**

MUNICIPALITE. — M. Druliolle, maire et conseiller d'arrondissement, au Monteil ; M. le docteur Maschat, conseiller général de Tulle-Nord, à Tulle ; M. Vigne, adjoint, à Collonges ; M. Gaillerie, au Châtaigner ; M. Lagier, aux Pouges ; M. Charvière, au bourg ; M. Rioux, au Pouget ; M. Verdier, à Laborie ; M. Borie, à Freyssinge ; M. Marthon, au bourg ; M. Maury, au bourg, et M. Terriac, au Moulin du Monteil.

ENSEIGNEMENT PRIMAIRE. — M. Bouysse, instituteur, M. Prévôt, adjoint, au bourg ; Mlle Akermanne, institutrice, au bourg ; Mme Legris, institutrice, au bourg ; Mme Vaur, institutrice, au Verdier.

SACRISTAINS. — M. Leyrie, au bourg ; M. Peyroux, au bourg.

EXPERTS. — M. Druliolle, au Monteil ; M. Soulier, à Collonges.

AUBERGISTES. — MM. Maury ; Leyrie ; Lagier ; Marthon, au bourg ; Mencyrol, aux Alleux.

EPICIERS. — MM. Maury, Leyrie, Lagier, au bourg.

MENUISIERS. — MM. Leyrie ; Marthon, au bourg ; David, Croix-de-Saint-Jean ; Cueille, Eau-Grande ; Monzat, à la Pépinière ; Laval, à Villyeras.

CORDONNIER. — M. Dufour, au bourg.

FORGERONS. — MM. Peyroux ; Manière ; Rhode, au bourg.

CHARRON. — M. Charvière, au bourg.

MAÇONS. — MM. Grangier, à Babarot ; Peyroux, au Peyroux ; Monzat, au Puy-Bouyssou.

TAILLEURS. — MM. Laval, au bourg ; Bourg, à Babarot ; Cueille, aux Plantades.

COUTURIERES. — Mme Salesse, au bourg ; Mlle Laval, au bourg ; Mme Cueille, aux Plantades ; Mlle Bouyge, à Babarot ; Mlle Bussière, aux Pouges ; Mlle Cueille, au Verdier ; Mlle Cueille, à Lapeyre ; Mlle Cueille, au Châtaigner.

BOUCHER. — M. Farges, au bourg.

FOSSOYEUR ET VALET DE VILLE. — M. Lagier, au bourg.

GARDE. — M. Leyrie, au bourg.

COIFFEUR. — M. Laval, du bourg.

SABOTIER. — M. Pradinas, à Villyeras.

COUVREURS. — MM. Mouzat, à Bouchelade ; Saintyves, à la Reine ; Simonot, à Lacoste ; Bouillac, aux Renardières ; Bouillaguet, à Villyeras ; Simonot, à Boursageix.

SCIEURS-DE-LONG. — MM. Gorse, à l'Hôtel-des-Bois ; Farges, au bourg.

§ XII. — Quelques notabilités locales

Peu de localités dans la campagne méritent autant que Saint-Maixent le qualificatif de « commune aristocratique », s'il s'agit de l'aristocratie de la science et du talent.

En arrivant au milieu de cette population rurale, je fus frappé du noyau considérable de personnes instruites, émergeant par leur situation sociale.

Il y avait en effet, en 1910 :

Un retraité de la manufacture, M. Fayet, père, de Laval-Verdier ;

Un ingénieur, M. Fayet, fils, de Laval-Verdier ;

Deux anciens maires, M. Druliolle, expert-géomètre et agronome distingué et M. Henri Duval, fin causeur ;

Deux greffiers, M. Fouillade, greffier de la justice de Tulle-Nord, à Freyssinge, et Monzat, greffier près le tribunal civil de Tulle, au Verdier ;

Deux avoués, M. Léon Druliolle, au Monteil, et M. Decembre, à Viellechèze ;

Deux médecins, M. Maschat, aux Broches, et M. Soularue, au Pouget ;

Un conseiller d'arrondissement, M. Ernest Druliolle, au Monteil ;

Un conseiller général, M. Maschat, aux Broches ;

Un administrateur, M. de Montille, en Algérie ;

Un lieutenant d'infanterie, M. Maurice Duval, maintenant chef de bataillon breveté, attaché à l'Etat-Major particulier du ministre de la guerre, chevalier de la Légion d'honneur ;

Un lieutenant de vaisseau, M. Emmanuel Duval, maintenant capitaine de frégate, chevalier de la Légion d'honneur, sur la « Démocratie », à Toulon ;

Deux capitaines, M. François Druliolle, maintenant en retraite, chevalier de la Légion d'honneur, et M. Marchal, à présent commandant, chevalier de la Légion, retiré au bourg de Saint-Maixent ;

Un général, M. Léon Duval, retiré à Saint-Maixent ;

Un archevêque, Mgr Charles Duval, à Beyrouth, Syrie.

Nous ne pouvons résister au plaisir de consacrer quelque lignes aux deux dernières figures qui ont brillé d'un éclat particulier.

§ XIII. — Le général Duval

Léon Duval, notre futur général, était le fils de Antoine-Louis-Thérèse-François Duval (1), qui eut encore deux enfants, Henri et Charles, décédés l'un en 1904 et l'autre en 1907.

Il naquit le 7 janvier 1829. Il entra à Saint-Cyr en 1846, à dix-sept ans à peine ; il en sortit en 1848.

Il eut la mauvaise fortune pour son cœur de bon Français de voir la guerre civile pour son premier combat. En 1853, il fit partie, au début de la guerre de Crimée, de l'expédition de la Baltique, à la suite de laquelle il fut décoré de la médaille de la reine Victoria ; de là, il passa dix années en Algérie, où il prit une part très active aux diverses expéditions du général Youssouff ; il revint ensuite en France et il était major quand éclata la guerre de 1870 ; il fut appelé en dernier lieu à l'armée de la Loire et nommé lieutenant-colonel.

Malgré la révision des grades, il fut maintenu avec les cinq galons, et, après la guerre, il passa de nou-

---

(1) François Duval était né en 1784. Il devint un brillant officier de Napoléon Ier. Il resta 15 mois prisonnier de guerre en Angleterre. — En 1823, il fit la campagne d'Espagne sous le duc d'Angoulême. Peu après, il quitta l'armée et se retira à Saint-Maixent où il devint bientôt maire de la commune et le demeura jusqu'à sa mort, survenue en 1857. — Il était capitaine de grenadiers au 57e de ligne, chevalier de la Légion d'Honneur et de Saint-Louis.

LE GÉNÉRAL DUVAL

veau trois ans en Algérie. Rentré en France, il fut promu colonel et affecté au 120e à Sedan, puis, comme général, il alla commander la 48e brigade à Lons-le-Saunier ; enfin, il vint à Albi où, promu commandeur de la Légion d'honneur, il fut atteint par la limite d'âge.

Le général Léon Duval s'était marié en 1863 avec Mlle Mathilde de Leygonie : deux bonnes familles de Tulle s'unissaient ainsi, car la mairie du chef-lieu fut tour à tour occupée, depuis la Révolution, par les Duval (1) et les Lacoste du Mons, y laissant de tels souvenirs que notre général, à peine en retraite depuis quelques jours, fut élu conseiller municipal de Tulle, *malgré lui* : honneur du reste qu'il s'empressa de refuser.

Notre illustre compatriote n'ambitionna jamais, ni à Tulle ni à Saint-Maixent, les faveurs du suffrage universel.

Le général Duval ne fut pas seulement un vaillant soldat, ainsi que l'atteste le haut grade auquel il était parvenu, il fut aussi un vrai chrétien. Jamais, au cours de sa carrière militaire, il n'abdiqua ni cacha ses convictions religieuses. Parmi ses relations, il ne voulut jamais admettre aucun franc-maçon, fût-il un fonctionnaire haut placé. Il était trop chrétien et trop loyal pour cela.

---

(1) Le grand-père du général, François Duval, avocat, étant devenu maire de Tulle au 9 thermidor, fit prendre la délibération suivante : « La municipalité déclare qu'elle exècre le feu régime de Robespierre. Elle ne connaît pas les sectes qu'on veut dénommer sous la qualification de Patriotes et d'Aristocrates. Elle ne voit plus que des citoyens qu'elle divise en deux classes : les bons et les mauvais citoyens, les vrais et les faux républicains. Aujourd'hui, dix-septième ventôse, l'an 3e de la République. Duval, maire. » — En 1780, il fut reçu, pour la paroisse de Saint-Maixent, quêteur de l'Ordre de la Trinité pour la rédemption des captifs.

Retiré de l'armée, il donna simplement et constamment l'exemple de la pratique de ses devoirs de catholique.

Cette main qui avait si vaillamment porté l'épée tenait souvent le chapelet, et, pendant les dix dernières années de sa vie au moins, il n'a pas manqué un seul jour de rendre cet hommage à la Reine du Ciel.

Aussi, lorsque l'infirmité vint le visiter, il l'accueillit comme savent le faire ceux-là seuls qui puisent dans la foi un courage supérieur au courage civil ou militaire, le courage de supporter la douleur en silence.

Cette nature énergique fut douce dans la souffrance, et, bien que son agonie ait été longue et pénible, on ne l'entendit jamais se plaindre.

Il accepta la mort sans trembler, et, après avoir reçu les derniers sacrements, il rendit sa belle âme à Dieu, le 13 janvier 1902, à l'âge de 73 ans.

Ses obsèques, où étaient confondus tous les rangs de la société, furent une manifestation grandiose de regrets pour le défunt et de sympathie pour sa famille.

Son corps repose dans le cimetière de notre paroisse, à côté de ses ancêtres, tout près de l'église et en face des hauts horizons, où il attend le jour de la résurrection générale et l'immortalité.

En quittant ce monde, le général Duval a pu dire avec Horace : *Non omnis moriar*, je ne mourrai pas tout entier, car je laisse après moi sur la terre des enfants pour me représenter.

Ses enfants sont au nombre de quatre : M. Emmanuel, capitaine de frégate sur la *Démocratie*, à Toulon ; M. Maurice, commandant breveté au 103e, à Paris, attaché à l'état-major du ministre de la guerre ; l'un et l'autre sont chevaliers de la Légion d'honneur ; Mlle Marie-Thérèse, religieuse au Sacré-Cœur, supérieure d'une maison importante de son ordre, à Bruxelles, et Mme Gabrielle de Montille, en Algérie.

§ XIV. — **Mgr Duval, archevêque**

Charles Duval, troisième enfant de Antoine-Louis-Thérèse-François Duval, naquit le 17 août 1833.

Vers l'âge de la première Communion, il fut envoyé au Petit-Séminaire de Servières, où il fit ses études secondaires.

Elevé dans un certain esprit de grandeur, favorisé des dons de la fortune, possédant une intelligence élevée, vive et polie par les belles-lettres, il voyait sourire à ses vingt ans les plus séduisantes espérances.

Déjà commençait à naître en son cœur ce qui fut la passion de toute sa vie et le mobile de toutes ses entreprises : l'amour de la sainte Eglise.

Il sera le soldat de l'Eglise comme son frère aîné, Léon, sera soldat de la France.

Et pour se préparer à cette noble mission il entra au Grand-Séminaire de Tulle, où il fit de très sérieuses études de philosophie et de théologie.

Le rêve de son père était de le voir un jour curé de Saint-Maixent, où il avait ses propriétés ; mais le fils se sentit attiré vers les hautes perspectives de la vie religieuse et peut-être de terres lointaines à évangéliser.

Pour un jeune homme, à vingt ans, quoi de plus noble, de plus généreux !

A la fin de sa quatrième année de théologie, il quitta le Séminaire de Tulle pour aller chez les Dominicains, au noviciat de Flavigny, où il rencontra deux jeunes religieux dont le nom devait être célèbre, le Père Didon et le Père Monsabré.

En septembre 1857, il fut ordonné prêtre, au Chalais, par Mgr l'Evêque de Grenoble.

Il obtint la permission de venir dire sa seconde messe dans sa paroisse natale. Mais il ne donna que quelques jours aux siens ; sa nouvelle famille le réclamait pour l'utiliser au plus tôt.

Les Dominicains possédaient alors une mission dans les plaines de la Mésopotamie, au sein de l'immense empire ottoman. Il demanda et obtint de se dévouer à la mission de Mossoul.

Située sur la rive droite du fleuve biblique, le Tigre, en face des ruines de l'ancienne Ninive, sous le 36e degré de latitude est, à 106 mètres au-dessus du niveau de la mer, Mossoul, la capitale de la Mésopotamie, a un climat très chaud. En été, le thermomètre marque à l'ombre entre 45 et 50 degrés centigrades.

Après un voyage qui dura quarante jours, le jeune dominicain arrivait à sa nouvelle résidence, où il devait passer la meilleure partie de sa vie. Il avait 25 ans.

Bientôt, ses grandes qualités et un don merveilleux d'administration le firent nommer supérieur général et Préfet apostolique.

Les années du nouveau supérieur furent d'une activité prodigieuse et d'une incroyable fécondité.

Il construisit une résidence plus commode aux missionnaires et releva leur Eglise qu'un accident avait partiellement renversée.

Il fonda une imprimerie où il édita d'abord des livres classiques, grammaires, histoires, arithmétiques, catéchismes, puis des ouvrages destinés à faire connaître et à défendre contre les erreurs environnantes la foi catholique ; enfin, il publia, en deux éditions, la Bible arabe et la Bible chaldéenne.

Il créa le Séminaire oriental pour les jeunes gens qui se destinaient à la vie religieuse ou sacerdotale.

Il organisa des écoles pour les petits garçons et pour les petites filles ; il établit des orphelinats et des hospices qu'il confia aux Religieuses de la Présentation de Tours.

Enfin, en 1881, il fonda la mission de Van ; en 1882, celle de Séert ; en 1885, celle de Djéziré et bientôt après il complétait celle de Marycoub et il créa plusieurs œuvres pour l'instruction des populations et pour le soulagement de leurs misères corporelles et spirituelles.

C'est ainsi que pendant trente-huit ans, sous ce climat brûlant, dans un milieu difficile, le Père Duval travailla pour l'Eglise et pour la France.

Ce fut au milieu de ces travaux, de ces efforts et de ces succès qu'il fut mandé à Rome par le Pape Léon XIII, qui appelait notre compatriote à la dignité d'Evêque et de Délégué du Saint-Siège dans l'Asie Occidentale.

Il arriva à Rome vers le milieu de novembre 1895, après un voyage de 30 jours. Le 21 du même mois, il était reçu par Léon XIII qui lui annonça son intention de l'élever à la dignité d'Archevêque et de Délégué apostolique en Orient, avec résidence à Beyrouth.

A cette nouvelle le Père Duval se mit à pleurer. Mossoul était son œuvre, sa création, et il aurait voulu mourir au milieu de ses enfants et de ses compagnons d'armes.

Mais le soldat de l'Eglise sait obéir sans hésiter aux ordres du Pape, quels que soient les sacrifices qu'ils imposent.

Préconisé dans le Consistoire du 29 novembre de la même année, il reçut à Rome même la consécration épiscopale, le 22 décembre, des mains de son Eminence le cardinal Parochi.

A cette consécration assistaient plusieurs membres de sa famille : Mme Peschel, sa sœur, M. Henri Duval, son frère, et Mme et M. Marchal, la fille et le beau-fils de ce dernier.

Pendant leur séjour à Rome, le Souverain Pontife daigna les recevoir en audience particulière, durant laquelle M. Henri Duval adressa au Saint-Père un discours qu'il prononça, disait-il ensuite, non sans une grande émotion, se rappelant qu'il parlait à la plus grande autorité de la terre. En signe d'affection spéciale, Léon XIII donna à Mgr Duval sa première croix pectorale ; il la portait, au mois d'août 1903, lors de son dernier voyage à Saint-Maixent.

Ce fut le 13 juillet 1896, que le nouvel Archevêque fit son entrée solennelle dans la ville de Beyrouth.

Pendant huit ans, notre éminent compatriote dépensa ses forces dans l'exercice de ses hautes fonctions de Délégué apostolique en Syrie.

Ce qui caractérisa toujours Mgr Duval, ce fut un dévouement absolu à l'Eglise et au Saint-Siège dont il était le représentant auprès des Eglises orientales.

Cet amour se traduisait journellement par l'exemple d'une soumission filiale et absolue aux décisions, que dis-je ? aux moindres désirs du siège apostolique. L'attachement et la fidélité au successeur de Pierre, telle fut la préoccupation, la passion constante de son grand cœur.

« Dans l'Eglise, écrivait-il un jour dans une de ses Lettres pastorales, c'est le Christ qui règne, c'est Lui qui gouverne, c'est Lui qui enseigne, c'est Lui qu'on écoute, c'est Lui qu'on adore, c'est Lui qui

MONSEIGNEUR DUVAL

triomphe, c'est Lui qui attire la soumission et qui provoque l'amour de tous les cœurs. »

Quarante-sept ans de travaux en Orient avaient épuisé ses forces physiques et débilité sa robuste constitution. Sur le conseil des médecins, il consentit à venir respirer quelque temps l'air natal. Il quitta Beyrouth vers la fin du mois de mai 1903. Il passa par Rome où il vit pour la dernière fois le Pape Léon XIII qui mourut quelques jours après.

Le Prélat arriva au commencement du mois d'août à Saint-Maixent, où, chose à noter, il était venu seulement deux autres fois depuis son départ comme Séminariste.

Après un séjour d'environ un mois au pays natal, il repartit pour Rome, parce qu'il était désireux d'aller s'agenouiller aux pieds du nouveau Pape, Pie X, qui venait de succéder à Léon XIII.

On n'aurait pas cru le voir pour la dernière fois. Mais un mal qui ne pardonne guère à ses victimes le minait sourdement et reprit avec une nouvelle violence aux environs de Pâques de l'année 1904.

La division navale fit à cette époque escale à Beyrouth et le neveu de l'archevêque, M. Emmanuel Duval, aujourd'hui capitaine de frégate, officier de la flotte, put se rendre compte des progrès du mal.

A l'annonce qu'il fallait mourir, l'archevêque fut surpris, mais non troublé. Il demanda aussitôt à recevoir les derniers sacrements. Quand le Saint-Viatique lui fut apporté, il enveloppa d'un long regard de piété et de tendresse Notre-Seigneur, son bon Maître, qui venait à lui sous les voiles eucharistiques ; et c'est debout, appuyé sur les bras de ses fidèles serviteurs, qu'il voulut recevoir celui qui daignait se faire son compagnon pour le suprême voyage.

« Maintenant, je remets tout entre les mains de Dieu ; que sa sainte volonté s'accomplisse. »

Telles furent les dernières paroles de notre saint et illustre compatriote, Monseigneur Pierre-Gonzalez-Charles Duval, archevêque de Pétra, délégué et vicaire apostolique de Syrie, assistant au Trône Pontifical.

Calme et résigné, il s'endormit dans le Seigneur le 31 juillet 1904 vers midi.

Ses funérailles qui furent un triomphe attestèrent la douleur, le respect et la vénération de tous.

Saluons avec respect les restes mortels qui reposent maintenant dans un riche et monumental mausolée, surmonté d'une statue colossale de la Très Sainte-Vierge, au pied de la montagne du Liban, de celui qui fut une des gloires du diocèse de Tulle.

#

Le R. P. Berré, le secrétaire intelligent, le confident intime et ami dévoué du Prélat défunt, aujourd'hui supérieur de la Mission de Mosssoul, a laissé à la famille quelques souvenirs de Mgr Duval. La famille Marchal a reçu un très beau tapis, portant ses armes épiscopales, avec le monogramme : Nazareth et j'ai la douce satisfaction de conserver l'étole épiscopale qu'il portait dans les cérémonies solennelles (1).

---

(1) Beaucoup de détails relatifs à la vie de Mgr Duval, nous ont été fournis par le R. P. Berret et par le R. P. Catin, supérieur des Jésuites en Syrie, qui prononça son oraison funèbre.

III

Le Sol & les Mœurs

§ I. — Climat et Nature du sol

Le climat de Saint-Maixent est plutôt doux et tempéré. Il est très rare de voir pendant l'hiver tomber une grande quantité de neige et rester au-delà d'une semaine.

Cela est dû à sa faible altitude au-dessus de la mer qui varie entre 300 et 400 mètres.

Toutefois, dans ces dernières années, il s'est produit un changement atmosphérique assez rare pour être signalé.

Le 25 octobre 1909 et le 12 mai 1910, il est tombé au moins vingt centimètres de neige, brisant quantité d'arbres encore feuillus et couchant par terre tous les blés, déjà en épis, dont le grain n'a pu mûrir cette année-là : ce qui a causé une grande gêne dans beaucoup de familles.

Excepté quelques hameaux, les Pouges, Lagorse, La Rhode, Mouly, qui semblent se rapprocher du terrain granitique et sablonneux, partout ailleurs, le sol est argileux, c'est-à-dire formé par la décomposition des substances volcaniques ou de certains métaux, tels que le porphyre, le granit, le basalte.

Il est relativement fertile. Outre le froment, le seigle, l'avoine, le sarrasin, ses produits sont très variés et ses fruits très succulents et recherchés. Si l'on en excepte la vigne, il est apte à recevoir toutes sortes de culture.

Les prairies du bourg passent pour les meilleures de tout Saint-Maixent, comme les champs du Verdier sont réputés les plus fertiles.

§ II. — **Propriété foncière**

Pendant le moyennage et sous le régime féodal, la propriété foncière eut une importance capitale et conféra de nombreux privilèges qui se sont perdus à mesure que s'est accrue la propriété mobilière ; la suzeraineté, le pouvoir s'y rattachaient.

Aujourd'hui encore l'ancienne prooéminence de la propriété foncière subsiste non seulement dans les mœurs et dans le langage vulgaire, mais encore dans nos lois qui favorisent beaucoup plus la propriété du sol que toutes les autres.

Le territoire de Saint-Maixent se divise en quatre catégories bien distinctes : les biens communaux ; les fermes ; les métairies ; et les propriétés particulières.

Biens communaux. — Les communaux sont des parcelles de terrain qui appartiennent à plusieurs personnes, quelquefois à plusieurs villages. Ont des communaux les villages suivants : les Broches, 20 mètres carrés ; Freyssinge, 6 hectares 69 ares ; Lagorse, 5 hectares 8 ares ; Laval-Grillère, 2 hectares 7 ares.

Les habitants du bourg croient avoir pour communaux le puy Tintiniac et le puy Boussageix ; mais aucune mention n'en est faite dans la matrice cadastrale.

Fermes. — On appelle ferme un domaine rural

dont le propriétaire abandonne pour un temps déterminé la jouissance, la culture et les produits, moyennant une somme d'argent. Actuellement le nombre des fermiers, c'est-à-dire de ceux qui exploitent une ferme est de vingt-cinq à trente.

Métairies. — On désigne sous le nom de métairie une propriété exploitée par un métayer qui retient la moitié de la récolte et donne l'autre moitié au propriétaire. En ce moment, Saint-Maixent compte une quarantaine de métairies.

Propriétés particulières. — Le chiffre relativement élevé des fermes et des métairies dénote naturellement d'importants fiefs.

Les principaux tenanciers de notre commune, dont plusieurs possèdent plus de cent hectares, sont les suivants :

Mme la générale Duval, au bourg ; MM. le commandant Marchal, au bourg ; le docteur Maschat, aux Brochs ; le docteur Soularue, au Pouget ; Decombre, à Viellechèze ; Léon Druliolle, au Monteil ; François Druliolle, au Monteil ; Fayet, à Laval-Verdier ; Dubois, aux Lonzières ; Gaillerie aîné, au Châtaigner ; Gaillerie jeune, au Châtaigner ; Nanet Laval, au Châtaigner ; Mouzat, au Châtaigner ; Boredon, au Châtaigner ; Monzat, au Verdier ; Bouig, au Verdier ; Bouysse, au Verdier ; Vigne, à Collonge ; Bouilhac, à Lagane ; Leyrat, à Lagorse ; Terriac, à Villyeras ; Vaurs, à Laval-Grillère ; Verdier, à Laborie ; Fouillade, à Freyssinge ; Laudain, à Freyssinge ; Boric, à Freyssinge ; Barret, à Lacoste ; Mathou, à Lacoste ; Simonot, à Lacoste ; Madelmond, à Lacoste ; Barbouty, à Villyeras ; Bouyge, à Babarot

§ III. — **Impôts**

On appelle impôt une charge publique, un droit imposé sur certaines choses pour subvenir aux dépenses de l'Etat. Il va de soi qu'un Etat sans impôts ne pourrait subsister.

La Dîme — Avant 1789, les impôts n'étaient pas payés en argent comme aujourd'hui ; ils étaient payés en nature et c'est ce qui était connu sous le nom de dîme.

La dîme : Voilà un de ces mots avec lesquels on effraie et on trompe encore de nos jours le peuple qui ne connaît pas l'histoire.

Qu'était-ce donc que la dîme ? C'était le prélèvement d'un dixième des produits agricoles et industriels que payait le peuple avant 89.

Fixée d'abord au 10e du revenu, la dîme était tombée peu à peu au 18e, au 20e et même au 30e. Aussi le peuple ne se plaignait pas de la dîme. C'est ce que nous constatons par les cahiers des Etats généraux de 1789 qui demandaient, non pas la suppression de la dîme, mais qu'elle fût payée en argent dans l'avenir.

Impôts actuels. — Supprimée par l'Assemblée Constituante, la dîme fut remplacée par l'impôt actuel qui se divise en contribution foncière, personnelle et mobilière.

La dîme était proportionnelle au revenu réel, et les années où il n'y avait pas de récoltes, on ne payait pas la dîme. Mais l'impôt actuel ne se préoccupe pas du revenu réel : que la récolte soit bonne ou mauvaise, il faut le payer quand même au jour dit, sinon, gare la saisie !

Aujourd'hui, le cultivateur ne paie plus la dîme,

mais trois dîmes, puisque l'impôt foncier s'élève au tiers du produit de la terre ; ce qui ne l'exempte pas des autres charges.

Voyez plutôt.

Voulez-vous loger quelque part ?

Pour avoir des portes et des fenêtres à votre maison : un impôt. Pour passer bail sur timbre : un impôt. Pour l'enregistrer : un impôt. Pour votre assurance : un impôt. Pour la cote personnelle : un impôt Pour votre mobilier : un impôt. Pour les taxes municipales : un impôt.

Voulez-vous manger et boire ? (Et il le faut bien, puisque, jusqu'ici, on n'a pas encore trouvé d'autre moyen de ne pas mourir de faim). La viande, les légumes, le sucre le café, la chicorée, le sel, le vinaigre, les épices, le gibier, le poisson expédiés en ville, le cidre, la bière, le vin, le blé, l'huile, le pétrole, les bougies : sont imposés.

Le pays paie à l'Etat, par an, 13 millions pour le sel, 60 millions pour le sucre, 260 millions pour les liqueurs, 350 millions pour le tabac, etc., autant de sommes énormes qui s'ajoutent au prix véritable de ces produits.

Vous arrive-t-il des choses comme celle-ci :

Avez-vous besoin d'un certificat de vie ? : vous payez des droits. Voulez-vous louer ou vendre ? : vous payez des droits. Voulez-vous emprunter ou hypothéquer ? : vous payez des droits. Voulez-vous adopter, être tuteur, héritier ou légataire ? : vous payez des droits. A chaque décès ou mutation : vous payez des droits. Pour l'école gratuite (traitement des maîtres, bâtiments) : vous payez un milliard.

Etes-vous commerçant ? On taxe votre boutique par la patente ; les effets de commerce, les polices, les lettres de voiture et connaissements, vos poids et mesures chaque année, tout reçu dépassant dix francs, les protêts à défaut de paiement, la publicité de vos affiches, ceux qui vendent sur le marché.

On taxe même les chiens, comme de simples humains, en attendant qu'on taxe vos chats et les volailles de votre basse-cour.

Il faut encore payer : pour avoir une voiture et un cheval, un permis de chasse, la poudre qu'on brûle, un jeu de cartes.

Et dire que l'on continue à berner le pauvre peuple français, qui est celui qui paie le plus d'impôts du monde, par cette parole mensongère : « La Révolution a passé : elle a aboli la dîme ! »

Quelle plaisanterie !

§ IV. — **Mœurs locales**

Je crois devoir donner un aperçu de l'habitation, du costume, des mortailles et de quelques pratiques locales.

L'Habitation

Il y a seulement un demi-siècle, la plupart des maisons étaient couvertes en chaume comme dans les pays froids. Mais à cette couverture est substituée chaque jour l'ardoise ou la tuile, et bientôt le chaume ne sera plus qu'un souvenir.

Si l'aspect extérieur de l'habitation a subi un changement notable, la physionomie intérieure est presque toujours la même. Comme autrefois, il y a encore dans presque toutes les maisons, dans un coin de la cuisine, un large lit très haut, ombré de rideaux, et quelquefois décoré d'un chapelet de coquilles d'œufs. C'est le lit du père et de la mère.

Les autres lits sont placés dans la chambre ou dans les chambres, s'il y en a plusieurs.

A côté, se trouve ordinairement la huche *(la maie)*, dans laquelle on pétrit la pâte, mais qui sert aussi d'armoire à débarras.

Voici également, dans une encoignure, la vieille garde-robe dont les serrures gémissent quand on l'ouvre ; accroché au mur, un petit miroir, noirci par les mouches ; au plafond, des quartiers de lard, des bottes d'oignons, d'ails, des épis de maïs et la claie *(la sesta)*, dans laquelle sèchent des fromages, enfouis dans une litière de paille ; au milieu de la pièce, la grande table en chêne ou en châtaigner massif, et tout autour de vieux bancs en bois, polis par de nombreuses générations ; au-dessus, le « ratelier », sorte d'échelle horizontale suspendue à peu de distance du plancher, et munie d'arceaux de bois qui soutiennent verticalement un certain nombre de tourtes de pain.

Sur la cheminée, voici le crucifix ainsi que l'image de la Très Sainte-Vierge ; à un angle ou sur quelque côté du mur, le bénitier en terre cuite ou en porcelaine, orné très souvent du buis bénit du jour des Rameaux, qui reste là religieusement d'une année à l'autre.

Dans l'intérieur de la cheminée, on voit les chenets ou landiers ; la crémaillère ou la cigogne pour suspendre les marmites ; aux deux coins de l'âtre, dans le « *cantou* », le banc et l'archabanc ou « *marelliou* », espèce de banc en bois avec un fond où est placé le sel, marque la place des anciens.

Oh ! combien de générations se sont succédées dans cette cheminée antique ! Ah ! les bonnes ravaudeuses des temps passées, les habiles tricoteuses, les grands'mères aux cheveux blancs, au visage ridé comme une vieille rainette, aux yeux et aux doigts infatigables, expertes, non seulement dans l'art des reprises savantes, mais encore dans l'art de dire de jolis contes, pendant que les hommes épluchaient les châtaignes, cassaient des noix, tressaient des paniers, que les femmes plus jeunes filaient le chanvre ou tricotaient ; l'antique « chaler », ce luminaire presque unique de nos ancêtres, jetait sa lueur palote et un gros chat ronronnait entre les landiers.

La batterie de cuisine est restée primitive. Elle comporte ordinairement des marmites en fonte, dont l'une à fond arrondi *(l'oula)* pour la cuisson des châtaignes ; une autre plus évasée *(lou toupi)* pour la soupe ; un pelon pour les tourtous ; un chaudron *(lou pérol)* pour les pommes de terre destinées aux animaux ; une poêle à frire ; une cloche pour les ragoûts ; deux ou trois tôles pour les tartes et les pâtés et un ou deux seaux en bois ; le godet, « *la conade* » et une grande ou plusieurs cuvettes en grès « *la griala* » pour mettre le lait.

J'aurai terminé cet inventaire, lorsque j'aurai cité : le « moine » ou la bassinoire, en cuivre estampé ou ajouré, au manche allongé et qui, rempli de braise, sert à réchauffer le lit pendant l'hiver ; le soufflet, le « *canon* » qui, percé à chacune de ses extrémités, sert à souffler le feu ; enfin, le « *chamboutou* », gros morceau de bois, servant d'ordinaire à porter sur l'épaule deux seaux d'eau, mais que les mauvaises langues nous disent s'employer quelquefois pour caresser les côtes des femmes qui ne sont pas sages, ou l'échine des hommes qui boivent un coup de trop.

Aux femmes qui sont affligées de maris ivrognes

que je conte l'histoire suivante, vraie celle-là, qui a été vécue il y a à peine quelques années.

Continuellement exposée aux sévices et aux coups de « chamboulou » quand son conjoint rentrait ivre à la maison, une femme qui vit encore cherchait depuis longtemps un remède à ses maux et, fûtée, elle imagina le stratagème suivant.

Un dimanche au soir, apercevant son mari étendu sur le lit où il cuvait son vin, elle l'enveloppe et le coud solidement dans le drap de lit comme un enfant au maillot. Puis, s'armant d'un martinet, sorte de fouet, formé de plusieurs lanières de cuir, elle frappe à coups redoublés sur le malheureux qui se croit en enfer, déjà livré à quelque démon pour le châtiment de ses péchés. Pour le moment, ce démon était sa femme qui ne consentit à le détacher, à le délivrer, qu'après avoir obtenu la promesse formelle qu'elle ne serait plus jamais battue.

Et, dans l'avenir, craignant toujours de recevoir à nouveau les étrivières, il devint un époux, sinon tout à fait sobre, au moins plus doux envers sa femme.

Le Costume

Si la physionomie intérieure de l'habitation est demeurée presque partout la même, il n'en est pas ainsi du costume qui a subi de grandes modifications.

Il y a soixante ans, le paysan portait la culotte courte, les cheveux longs attachés avec un ruban derrière les épaules, et la barbe en collier. Il rasait même la moustache. Aujourd'hui a prévalu la coutume de porter les cheveux courts et une belle moustache que beaucoup n'hésitent pas à enduire de cosmétique, tout comme l'Empereur d'Allemagne.

Il était d'usage alors de porter la blouse de toile écrue, le chapeau à larges bords, le bonnet de laine bleu avec une houpette pendant sur l'oreille ; la chemise à col droit sans cravate et des sabots ferrés *(lou chous)*, où le pied se posait sur un matelas de paille fraîche soigneusement renouvelée chaque matin. Mais depuis, le pantalon a définitivement pris la place des culottes à pont-levis et l'usage de la cravate s'est répandu.

L'étoffe le plus en usage à cette époque, était le droguet *(lou druguet)*, façonné avec le métier le métier ordinaire du tisserand ; elle a à peu près complètement disparu. La blouse n'est plus utilisée, que les jours de foire.

En semaine, le travailleur des champs porte le gilet de laine tricoté par les femmes ; quant au bonnet de coton, le paysan ne le met que chez lui et on ne le voit plus guère à Saint-Maixent qu'à cinq ou six hommes âgés. Les sabots résistent encore ; mais c'est l'amour du bien-être qui les conserve ; car, plus volontiers on chausse la galoche vernic (la socque), réservant les sabots pour les mauvais jours et les travaux du dehors.

La limousine, en étoffe grossière de laine et de fil, dont l'habitant de la campagne faisait jadis usage par les temps pluvieux et humides, ne se rencontre déjà plus ; je ne connais que deux bons vieux qui la portent.

Enfin, l'immense parapluie en coton bleu, à monture en bois, si commun il y a trente ans, se fait rare ! Et cependant, n'était-il pas pittoresque de voir, le matin des grandes fêtes, le paysan endimanché se rendant à l'église avec son parapluie bien plié sous le bras ?

Ce changement dans le costume depuis quelques

années n'est pas moins grand chez les femmes. La brassière ou le (caraco), ce corsage de mérinos noir qui se rabattait sur la jupe a disparu ; de même le petit fichu (le coulet) ou châle aux couleurs vives, dont les pointes tombaient si gracieusement au milieu du dos en se croisant sur la poitrine. Le jour de leur mariage, toutes les *novies* portaient un grand coulet qui les couvrait comme un grand voile.

Les capes, ou manteaux noirs à capuchon sans manches, fermés en avant par de larges agrafes, que les femmes de la campagne portaient dans les grands deuils, sont remplacées par les « mantes », vêtement plus élégant et en drap.

La fameuse « pailliole », cette coiffure en paille tressée à forme de ruche, autrefois si commune, n'est plus portée maintenant que par deux vieilles femmes. Nous devons saluer avec respect ces coiffures de nos aïeules, parce qu'elles ont le charme ému des choses qui s'en vont, qui ont la séduction particulière du passé lointain.

Il y a seulement quinze ans, les femmes et les jeunes filles portaient encore des coiffes en dentelle et en percale, ou des bonnets de tulle ou de mousseline à bords plats ou tuyautés, dont les larges brides blanches, nouées sur le cou, claquaient si gracieusement au vent comme des ailes.

Mais aujourd'hui toutes les fillettes et jeunes filles ne portent que des chapeaux avec des fleurs ou des plumes, qui uniformisent ainsi tous les rangs de la société et font rivaliser les servantes et les bergères avec les plus grandes châtelaines.

Les Mortailles

Voilà une coutume universellement reçue depuis

des siècles peut-être dans notre paroisse et qui vient de disparaître récemment.

Il était d'usage, dans les familles que la mort visitait, de convier les parents, les voisins et les amis à un repas, appelé les *Mortailles* et qui se donnait dans une auberge du bourg après les cérémonies de l'enterrement.

Aucune famille, même la plus pauvre, n'osait s'en dispenser.

Somme toute, ce repas était un acte religieux et chrétien. Ce n'était nullement une noce ; le nombre des plats y était restreint et les desserts, les pâtés, le café en étaient exclus. Le plat de résistance était le fricandeau qu'on appelait : la « *poutranca* » ou le « *picanpan* », amalgame de tranchées de pain avec du foie et des mous de moutons. Ordinairement tous les invités récitaient en commun la prière du soir avant de se séparer.

La table est un symbole d'union et d'amitié ; elle rassemble les amis pour faire partager les joies ; pourquoi ne les réunirait-elle pas pour adoucir les douleurs et pour pleurer sur la tombe de celui qui vient de quitter ce monde ?

Toutefois, dans les derniers temps, des abus sérieux s'y étaient introduits, qui ont amené peu à peu la disparition de ces repas autrefois si connus. Plus d'une fois, d'aucuns, dépassant la mesure de la sobriété, étaient allés jusqu'à s'enivrer et à prononcer des paroles peu décentes.

D'autres, dit la légende, pendant ces repas, s'occupaient de rechercher en commun, quel pourrait bien devenir un futur mari pour la veuve, ou quelle nouvelle femme conviendrait au veuf. Les propositions étaient faites, les avantages discutés, et souvent, quelques mois après, le veuf convolait, en justes noces, avec le beau parti qu'on lui avait indiqué le jour de l'enterrement de sa première femme.

M. Victor Forot, le directeur du musée de Tulle, a noté le joli mot suivant :

Un ami du défunt, consolant la veuve, lui dit en patois : « Paubro femno, vous chal prine passinssa. » Le mot prendre patience est pris ici comme terme de consolation et signifie : ayez courage, chère femme, devant le malheur qui vous frappe. — Et la femme, relevant timidement la tête, sous sa cape de deuil, lui répondit : « Aplo, ma sabe pas si passinssa me voudra. » Ah ! oui, mais je ne sais pas si patience me voudra !

Elle avait compris que cet ami lui offrait comme second mari un nommé Patience.

Superstitions

Le chapitre des mœurs locales serait incomplet, si on n'ajoutait un mot sur quelques pratiques superstitieuses.

On appelle « superstition » l'idée fausse qu'on a de certaines pratiques auxquelles on attribue des effets qu'elles ne peuvent pas produire naturellement. Un exemple, porter sur soi des amulettes, des talismans, etc., pour éviter une maladie, un accident, est une superstition.

Voici quelques unes des pratiques superstitieuses qui existent dans cette paroisse.

Si l'on se trouve treize à table, l'un des convives mourra dans l'année.

Si l'on fait cuire du pain la semaine des Rogations, il ne se conserve pas.

Se marier, se déménager, un lundi, mercredi ou vendredi porte malheur.

Si le même jour il y a plusieurs mariages, le premier emporte tout le bonheur.

Quelquefois, la sorcière prescrit une messe ; mais pour que la guérison soit obtenue, deux conditions sont nécessaires. L'intéressé doit demander l'honoraire aux voisins ou voisines qui ne doivent donner qu'un sou par personne et doivent le jeter à terre et non le donner de la main à la main. De plus, cette messe ne doit être dite qu'au dernier quartier de la lune.

Beaucoup de femmes ne donnent ou ne vendent jamais de lait sans y mettre un grain de sel.

Si on a besoin d'une corde, d'un joug ou de tout autre objet pour conduire une bête à la foire, on va toujours chercher cet objet la veille, sinon on ne vendrait pas la bête.

Le 21 juin et le 16 août, on ne lie jamais les bestiaux ; cela porterait malheur, mais on les lie couramment le dimanche sans aucun scrupule et sans penser qu'on viole une loi formelle de Dieu qui défend de travailler ce jour-là.

Si quelqu'un a jeté « un mauvais sort » sur une bête, il faut se hâter de voler, sans être vu, à cette personne une feuille de choux ou bien une poignée d'herbes qu'on donne à la bête ensorcelée et aussitôt le mauvais sort disparaît.

Mais, la plus commune est assurément de croire aux cartomanciennes, aux chiromanciennes, ou tireuses de bonne aventure qui prétendent faire connaître l'avenir et aux sorciers ou sorcières qui ont la prétention de connaître les maladies et de les guérir.

Le mot sorcier ou sorcière vient du latin « sortarius » qui vient lui-même de sors, sortis « sort ». Primitivement, le sorcier était celui qui avait le pouvoir de « jeter des sorts ». De nos jours, on croit encore aux « donneurs de sort », aux personnes qui ont « mauvais œil ».

Toutefois, on appelle aujourd'hui plus généralement sorcier ou sorcière celui ou celle qui a le pouvoir de deviner et de guérir certaines maladies, connues sous la dénomination de « nauzes », par des procédés mystérieux.

En ce moment c'est la sorcière de Saint-Clément et celle de Favars qui ont le plus de vogue.

Parmi ceux qui vont les consulter, il n'y a pas que les esprits faibles. Je ne dis point que les médecins vont trouver les sorciers — leur amour-propre serait en jeu. — Mais des personnes très instruites, même des « esprits forts » qui en public disent ne croire à rien, ont recours aux « guérisseurs ». — Curiosité ? Confiance ? — Chi lo sa ? — pourquoi pas les deux ? C'est d'ailleurs le propre de l'âme humaine de se sentir attirée, comme d'instinct, vers ce qu'elle ne peut comprendre, vers ce qui frise le merveilleux. Et l'esprit fort se dit en lui-même : « les prières du sorcier ou de la sorcière me guériront peut-être. »

On a recours aux sorciers pour couper la fièvre, pour arrêter les hémorragies, pour faire cesser les coliques, pour mettre en fuite un érysipèle, pour faire disparaître les « rougnes » (croutes), etc., etc. Et la guérison s'opère sans médicaments, par d'étranges prières ou signes cabalistiques.

En voici quelques spécimens :

Contre le mal de dent : « Sainte Appolline s'est assise sur la pierre de marbre. N.-S. Jésus-Christ, passant par-là, lui dit : Appolline, que fais-tu là ? — Appolline, retourne-t-en, si c'est une goutte de sang, elle tombera, si c'est un ver, il *mourira*. — En disant ces derniers mots, tracer avec le doigt une croix sur la joue du malade et terminer par cinq Pater et cinq Ave en l'honneur des cinq plaies de N.-S. J.-C.

Contre l'incontinence d'urine chez les enfants, « leur donner à manger un rat d'eau ».

Pour guérir la rougne (croute) « étendre sur le mal du beurre baratté pendant la semaine sainte. »

Contre les brûlures « s'il neige le 30 avril, prendre de cette neige, la faire fondre, la mettre en bouteille, la conserver et l'appliquer sur la partie malade, etc., etc.

Il n'est pas besoin de démontrer le ridicule de ces pratiques que réprouve la raison aussi bien que l'Eglise.

TABLE DES MATIÈRES

Préface 5

CHAPITRE Ier

HISTOIRE RELIGIEUSE

I Le nom de la paroisse	7
II Topographie	8
III Saint-Maixent avant le XIXe siècle.	8
IV L'Eglise paroissiale	11
V Le Patron de la paroisse	15
VI Le Trésor de l'église	16
VII Statues et Lustres.	19
VIII Les cloches	21
IX Le Chemin de Croix	23
X Chapelles rurales	24
XI Curés de la paroisse	42
XI bis Vicaires	45
XII Confesseurs de la foi pendant la Révolution. . .	46
XIII Mon installation	54
XIV Vote des réparations de l'église.	54
XV Souscription pour les réparations de l'église. . .	56
XVI Enlèvement du Christ de l'école.	60
XVII Protestation contre la dénonciation du Concordat.	61
XVIII Protestation contre l'Inventaire.	62
XIX Poursuite et plainte	66
XX Dernière séance du Conseil de Fabrique . . .	67
XXI Mon expulsion du presbytère.	69
XXII Mon Retour	72
XXIII Désaffectation du Presbytère.	73
XXIV Comité paroissial.	74
XXV Cimetière	75
XXVI Saint-Maixent sous le rapport religieux . . .	78

CHAPITRE II

HISTOIRE CIVILE

I	Quelques Documents	83
II	Division du territoire de la commune	89
III	Quelques faits	90
IV	Population	93
V	Maires	96
VI	Instituteurs	96
VII	Institutrices	98
VIII	Facteurs	99
IX	Bureau de Tabac	100
X	Foires	100
XI	Administration et Métiers	101
XII	Quelques Notabilités locales	102
XIII	Le général Duval	104
XIV	Mgr Duval, archevêque	109

CHAPITRE III

LE SOL ET LES MŒURS

I	Climat	117
II	Nature du sol	118
III	Propriété foncière	119
IV	Impôts	120
V	Mœurs locales	122

Corrections et Additions

Page 8, ligne 13, au lieu de 6 degrés, lire 0 degré.
— 10, en note,   —   Broches,   —   Brochs.
— 22, ajouter au troisième alinéa :
« Grâce à une refonte particielle, habilement faite à Saint-Maixent même, le 11 juin 1912, par M. Alexandre Chambon, fondeur à Montargis, notre grande cloche a retrouvé son ancienne sonorité et sa tonalité d'autrefois, à la grande satisfaction de toute la paroisse ».

Page 24, en note, au lieu de Brugeac, lire Brujeau.
— 38, ligne 23,   —   ce lieu,   — ces lieux.
— 43, ligne 8,   —   Beffefond, — Bellefond.
— 43, à la fin du dernier alinéa, ajouter ces mots : « Mais il était intrus ».

BRIVE, IMP. CATHOLIQUE.

www.ingramcontent.com/pod-product-compliance
Lightning Source LLC
Chambersburg PA
CBHW060149100426
42744CB00007B/955